思春期の育ちと高校教育

なぜみんな高校へ行くんだろう?

小野善郎

福村出版

◆はじめに

子育ての中でも思春期は何かと難しい時期ですが、子どもの将来に関わる現実的な問題として、すべての親にとって学校教育は非常に重要なテーマになってくることかと思います。しかし、子どもは毎日学校に行くのは当たり前のことであり、実際にそれが日常の光景であるかぎり、子どもも親も何のために学校に行くのかをあらためて考えることもありません。それほどまでに、子どもたちの生活に学校教育は溶け込んでいるといえます。義務教育である小学校と中学校だけでなく、高校も同じように当たり前の教育となった現在では、少なくとも18歳までの育ちは学校を抜きには語れないようになりました。子どもの能力は学校での成績で評価されるようになり、子どもの将来への期待は高校や大学の受験に託されることで、あたかも学校教育が大人としての自立への道筋を作ってくれるような世相が漂い、多くの親はそこに大きな期待を抱きます。

しかし、この当たり前の日常が破たんすると事態は一変します。親は子どもの成績や受験の心配など、教育についての悩みは尽きませんが、それらは子どもが学校に行っていてこそのものであり、学校に行けなくなってしまえばそれどころではありません。「不登校」という三文字が頭によぎった瞬間から、親の不安は瞬く間に拡大し、明日の登校の心配どころか、高校に行けるのか、そして大人としての自立にまで及びます。それほどまでに不登校という現象には強力なインパクトがあり、それを裏返せば、学校にきちんと行くことが大人になるまでの成長には不可欠であるという信念が私たちにはあるということです。

残念ながら、少子化によって児童生徒数は減少しているにもかかわらず、不登校の状態にある子どもは増加し続けていて、文部科学省の調査によれば２０１６年度には小中学校を合わせて13万人以上に上っています。不登校は本人にとっても苦しいものに違いありませんが、それ以上に親はこの事態に焦り、「どうして学校に行けないのか」「どうしたら行けるようになるのか」、中学生であれば「高校に入れるのか」、高校生であれば「卒業できるのか」が関心の的になっても、そもそも「どうして学校に行かなければならないのか」ということはなぜかあまり話題に上りません。高校については義務教育ではないのだから、理屈の上では必ずしも行く必要はないはずですが、あたかも義務教育であるかのように行くのが当然で、「なぜ行くのか」をなかなか考えようとしない傾向があります。子どもが学校に行くのは当たり前という常識によって、私たちは学力や受験制度には関心を持っても、学校の存在意義そのものを考えようともしなくなってしまいました。その結果、今の子どもたちの教育は受験につながる情報に翻弄され、学校は目先の「成果」を追求することで、本来の役割や意義がますますぼやけて見えにくくなっています。

子どもにとって学校は楽しいことばかりではなく、ときどき行きたくないと思うことはよくあることです。そんなとき子どもは親に「どうして学校に行かなければならないの」と問うものの、そんなこと考えてみたこともない親は「義務教育だから」とか「子どもは学校に行くのが仕事」などとわけのわからない答えを返して「くだらないことを言っていないでさっさと学校に行きなさい」と一蹴するのが関の山です。でも、実際のところは、子どもが学校に行くのはあまりにも自明なことなので、まともに答えられなくても無理はありません。意味や理由を考えるまでもなく、ほとんど無意識的に子どもを学校に行かせ、そのくせ子どもが学校に行けなくなるとひどく焦るというのは、少し不思議な気もします。

学校教育の中でも高校は義務教育以上に悩ましい存在ではないでしょうか。就学が義務付けられている小中学校とは違い、制度上はあくまでも本人が志望校を選んで受験し、入学を許可されて初めて進学することになっているのに、いまや高校進学率は98・8%にもなり、周囲を見渡せば誰もが高校に進学している状況では、高校進学の目的はますます曖昧になり、強いていえば「みんなが行くから」「高校に行くのは当たり前」、現実的に考えれば「高校を出ないと仕事がない」というのが精一杯です。要するに高校に進学する以外の選択肢はなく、消去法的な理由付けで進学しているのだとすれば、高校進学に夢も希望も持てなかったとしてもおかしいことではありません。たしかに、高校卒業は大学受験の前提条件なので、「大学に行きたいから」というのは正解かもしれませんが、最近では大学進学率も高くなって入試も多様化し、大学に進学する目的もぼやけてきているので、それだけで高校教育を説明することにも限界があります。すべての子どもに高校教育を保障するという意味での義務教育ではなく、逃れることができない労役のように子どもたちに負担を強いるだけの義務教育になっているような感さえあります。

不登校は学校に行く目的を考える絶好の機会ですが、不登校のために高校進学が危うくなると、さしあたっては入れる高校を探すことが優先され、進学先が決まればひと段落して、いつしか何のために高校に行くのかという問題は置き去りにされてしまいます。不登校が子どもの学校教育に対する「ノー」の意思表示だとすれば、ただ単に高校に進学することで一歩先に進めばいいのでしょうか。将来を心配するあまりに、どうしても目先の進路に関心が向きますが、根本的な問題から目を背けていてはいつまでたっても何も変わりません。子どもにとって学校を休む、登校しないという重大な決断に、私たちはもっとしっかりと向き合う必要があります。13万人以上の子どもが「ノー」と言っているのは、単に個人のレベルの問題ではなく、そもそも学校というものにどこか問題があるのではないかと考えるのがむしろ自然です。日本での不登校問題はすでに半世紀以上の歴史がありますが、いつまでも「不登校児」として個々の子どもの心の内を探り続けるだけではなく、学校教育の現実を直視して、子どもの成長に必要で役立つ教育を考えなければならないのではないでしょうか。

子どもが学校に行かなくなったとき、つまり流れから離れたときこそ、すぐに元に戻ろうともがくのではなく、そこで立ち止まって何のために高校に行くのか、そこで何を得ようとするのかを考えるチャンスにもなります。無目的に烏合の衆のごとく同級生の群れに混じって高校に進学することだけが正解と言い切れるでしょうか。ともすれば「正常な」生徒たち（不登校にならなかったという意味で）を羨むかもしれませんが、それが幸せかどうかは誰にもわかりません。かつての終身雇用制度のように制度にのっていれば将来が保証されるわけではなく、何でも自己決定とそれに対する自己責任が求められる現代社会では、急いで流れに乗ることだけが正解ではなく、立ち止まって考えることも大切ではないでしょうか。それこそがなぜ学校に行かなければならないのかという疑問でしょう。とりわけ、進学率が90％を超えてから40年以上になる高校については、すべての子どもたちが受けるユニバーサルな教育と、いまだに残る入試制度に象徴される競争的な教育との間に制度的な矛盾も多く、あらためてその意義や役割について検討することが求められています。

　本書は、30年余りにわたって児童精神科臨床に携わってきた精神科医の目から見た高校教育について考えるところを書き下ろしたものです。教育の専門家でもない精神科医が高校教育を語るのはお門違いであり、偏屈な医者の独善的な理屈と思われるかもしれません。それでも、児童精神科の診察に来る子どもたちの主訴の大半は不登校であり、それ以外でも教室での不適応など、ほとんどが学校と関連する問題である事実は今も昔も変わりません。不登校は精神医学的には不安の病理として説明され、不安症とか適応障害という病名が付けられたりします。個人の病理として治療の対象になり、たしかに「登校拒否」と呼ばれていた１９９０年代前半ころまでは不安への精神療法が盛んに行われていましたが、不登校と呼ばれるようになってからは登校を強制せず、むしろ子どもが安心して過ごせるような環境を整えることが主流に変わりました。その典型が相談室や保健室への登校、適応指導教室やフリースクールといえます。つまり、変えるべきは不登校児ではなく学校環境という発想の逆転が起きたことになります。そんな臨床経験の積み重ねは、学校教育そのものへの問題意識に必然的につながることになります。

すでに1992年に文部省（当時）が「登校拒否はどの児童生徒にも起こりうるもの」という視点を示したように、不登校は特別な問題ではなく誰にでも起きる可能性があるのだとすれば、私たちは不登校児が身をもって提起している学校への疑問にしっかりと答えなければならないのではないでしょうか。学校教育を批判することは学校を敵に回し、文部科学省や教育委員会に反旗を翻すことになるかもしれませんが、私たちが制度として与えられた学校教育を無批判に、あるいは仕方なく受け入れていくことで、子どもたちが病んでいくとすれば、それを見逃すわけにはいきません。学校教育そのものを否定しようとするものではありませんが、所与のものとして盲目的に追従するのではなく、私たちには子どもにとって有益なものとして発展させていく責務があると考えます。子どもたちの健やかな成長を助けることができる教育を築き上げることは、児童精神医学の目標でもあります。それが達成できれば、子どもの精神医学の役目の多くはなくなり、児童精神科医は失業することになるかもしれませんが、それこそは私の本望であり、この上ない幸せです。

話が不登校のことばかりになってしまいましたが、本書のテーマは思春期の育ちに必要な高校教育を考えることで、必ずしも不登校児に限ったものではなく、すべての中学生・高校生を対象とした高校教育の問題を扱っています。大人に向かって歩みを始める思春期を過ごす高校教育はとても大切です。しかし、成功への近道はありません。一歩一歩確実に歩んでいける教育とは何かを、私の疑問や悩みに付き合っていただきながら一緒に考えてみませんか。なかなか子どもの将来を描きにくい不確かな時代だからこそ、今、目の前の課題に取り組むことで、まずは足元を固める必要性があるのではないでしょうか。明確な答えは出せないかもしれませんが、子どもの「どうして高校に行くのか」という問いに向き合うことで、思春期の子どもの教育や将来への不安を抱える親や大人たちに何かしらのヒントだけでも掴んでいただけることと期待しています。

小野善郎

目次

◆はじめに　3

序章　廃校の危機から始まった高校教育の再検討　15

1 廃校の危機　16
2 この学校をなくしてはならない　22
3 「底辺校」の実力　26
4 全入時代の高校教育の役割　29
5 北星余市の廃校問題の衝撃　30

第1章　高校教育を問い直す　35

1 高校に行くのが当たり前の時代　36
2 「ふつう」のプレッシャー　38
3 高校は義務教育ではない　40

4 どうして入試があるのだろう 43
5 卒業は当たり前ではない 47
6 多様な高校教育の広がり 49
7 効率的な高校教育 53
8 高卒という「資格」 56
9 制度としての高校教育 59

第2章 思春期の育ちの場としての高校 63

1 子どもの発達と学校教育 64
2 高校で思春期を過ごす時代 66
3 学校での大人への移行の限界 70
4 思春期の課題 72
5 高校で顕在化する問題 74
6 移行支援としての高校教育 78
7 誰も排除しない高校教育 81
8 思春期の「学び」 85

第3章　北星余市高校の光景　89

1 開放的な学園　90
2 自由な学園　93
3 「先生」がいない　96
4 サロン職員室　97
5 授業　101
6 総合講座　104
7 学校行事　105
8 生徒会　108
9 生活指導と謹慎処分　109
10 寮下宿　111
11 通学生たち　113
12 進路　115
13 親たちの盛り上がり　116

第4章　北星余市の教育を読み解く　119

1 「居場所」＝育ちの場　120
2 高校教育の基盤づくり　124
3 初めから「底辺校」　127
4 逸脱への対応モデル　132
5 変わるのは本人　135
6 ガラパゴスの利　137
7 全入時代の高校教育モデル　140

第5章　どうして高校に行くのか　147

1 子育ての外注化？　148
2 迷走する高校教育　151
3 せっかちな高校教育　154
4 北星余市のメッセージ　157

5 高校教育の再定義 160
6 どうして高校に行くのか 165
7 有意義な高校教育を目指して 168

終章 今ここからのスタート 173

1 子育ての目標 174
2 大人になること 178
3 親の役割 181
4 「もう手遅れ」ではない 185
5 今ここからのスタート 188

◆あとがき 193

序章

廃校の危機から始まった高校教育の再検討

1　廃校の危機

「北海道・北星余市高校《ほくせいよいち》、閉校を検討。入学者減、19年度末で」

その突然の一報は、2015年12月10日の地元北海道新聞だけでなく、全国紙でも同時に報じられ、全国から大きな反響を呼びました。その後も地元の人たちや学校関係者の反応が報じられましたが、とりわけ地元の北海道放送（HBC）は精力的に取材を続け、報道番組の中で特集として放送するとともに、北星余市高校の教育を深く掘り下げたドキュメンタリーも制作しました。そのほとんどは突然の廃校の知らせに驚くとともに、存続を願う人たちの姿を伝えるものでした。主な番組のタイトルからだけでも、北星余市高校の存続を願う強い思いが伝わります。

『廃校にさせない！　北星余市高校』（JNN報道特集、TBS系列）
『廃校はアカン～熱血〝ホンマちゃん〟、北星余市に生きる～』（ガッチャンコ、HBC）
『ラップで廃校阻止！　～北星余市高・生徒会長の激闘486日～』（日本のチカラ、テレビ朝日系列）

また、朝日新聞は2017年1月から2月にかけて「いま子どもたちは」で8回にわたって北星余市高校の教育を取り上げ、8人の生徒の高校生活を写真とともに実名で紹介しました。

北海道余市郡余市町。札幌オリンピックのスキージャンプで金メダルを取った笠谷幸生《かさやゆきお》選手や日本人で初めてスペースシャトルに搭乗した毛利衛《もうりまもる》さんの出身地ですが、最近では２０１４年に放送されたＮＨＫの朝ドラ『マッサン』の舞台となったことで余市という地名を初めて知った人も多いかもしれません。いずれにしても、北海道の小さな町の一私立高校の廃校問題がこれほどのニュースになったのは「ヤンキー」のおかげであることは間違いありません。

北星余市高 閉校を検討

入学者減、19年度末で

後志管内余市町の北星学園余市高（安河内敏校長、161人）を運営する学校法人北星学園（札幌）が、同校の生徒募集を2018年度に停止し、19年度末で閉校する方向で検討していることが分かった。同校は中途退学者の転入、編入を積極的に受け入れる高校の先駆けとして知られ、全国から生徒を集めたが、近年はフリースクールや同様の制度を設ける高校の増加で入学者数が減少。学校運営を続けることが難しくなったとみられる。

関係者によると、同法人は北星余市高の16年度の入学者数が、定員140人のうち学校運営に必要とされる90人に達しなかった場合に、17年度は引き続き生徒を募集するものの、18年度からは募集を停止し、19年度末で閉校する方向で調整している。

すでに同法人が運営する札幌市内の北星学園大や北星学園女子中高の教職員などに説明を始めており、近く余市町や町内の生徒の下宿関係者にも説明するという。

募集停止と閉校の検討を進めている北星学園余市高校

同高は余市町の誘致で1965年4月に開校。生徒数の減少で87年度にいったんは閉校を決めたが、88年度から全国で初めて中途退学者の転・編入を受け入れる制度を導入し、存続を図ってきた。

道内外の不登校の生徒や高校中退者の受け皿として全国的に知られるようになり、同校の卒業生で母校の教壇に立ち「ヤンキー先生」と呼ばれた義家弘介衆院議員をモデルにしたテレビドラマや映画も制作されて話題を集めた。一方で、少子化による中学卒業者の減少や、転・編入を受け入れる高校が全国で増えたことなどから、ここ数年は定員割れが続き、経営難が深刻化。本年度の1年生の入学者数は定員140人に対し、41人だった。

同校の安河内校長は北海道新聞の取材に対し「コメントできない」としている。

（北海道新聞 12 月 10 日掲載）

1988年に全国から高校中退者を受け入れ始めたことで注目され、さらに2003年にはその卒業生で母校の教壇に立った「ヤンキー先生」をモデルにしたテレビドラマが放送されて一躍その名は全国に知られるようになりました。新聞各紙が報じた廃校検討の記事には「同校の卒業生で母校の教壇に立ち『ヤンキー先生』と呼ばれた義家弘介《よしいえひろゆき》衆議院議員をモデルにしたテレビドラマや映画も制作され話題を集めた」（北海道新聞）「『ヤンキー先生』と呼ばれた義家弘介・副文部科学相は同校ＯＢ。社会科教師としても同校で勤務した」（毎日新聞）など、必ず「ヤンキー先生」についての一文が添えられていたことからも、「ヤンキー」の高校として多くの人の記憶に残っていることがうかがわれます。

かつてヒットした映画やテレビドラマの実在のモデルが消え去ろうとするのを惜しむニュースがしばしば流れます。そこには人々の心の奥底に潜む想い、多くの場合はその映画やドラマを観た当時の思い出が重なり、昔を懐かしむノスタルジーを誘います。たとえば同じ北海道の出来事として、2016年12月4日のＪＲ留萌《るもい》線の留萌—増毛《ましけ》間の廃止は、ほとんどの人が知らないような日本海側の海岸線を走る短い鉄道の廃止にもかかわらず全国ニュースとして報道されました。とりわけ終着駅の増毛駅が大きく取り上げられ、あたかも増毛駅の廃止を惜しむニュースであるかのように報じられました。そしてこのニュースに必ず付け加えられたフレーズが「故高倉健さんの映画『駅 STATION』（1981年）の舞台で知られる終点増毛駅」（朝日新聞）で、この映画だけでなく高倉健ファンの人たちのノスタルジーが伝わります。古ぼけた駅舎と駅前の町並みはこの小さな町にとっては重要な観光資源ですが、残念ながら訪れるファンでいつもにぎわっていたわけではありません。利用客の著しく減った鉄道としては、廃止はやむを得ないもので、すでに存続を求める声もなく、ひとつの時代の終わりを惜しむ出来事だったといえます。

北星余市高校の廃校のニュースは、その第一報こそ、かつて多くの「ヤンキー」を受け入れて全国から注目を集めた高校が、時代の流れの中でその役割を終えて消え去ろうとしているのを惜しむノスタルジーだったのかもしれませんが、その後の報道はこの学校の存続を求めて動き始めた教師や生徒会、卒業生たちの活動を伝え、高校側と学園理事会との交渉経過を報じることで、多くの人の関心を集めました。ほとんどの報道の論調は、この高校独自の教育実践を評価し、存続を支持するものでした。

理事会が示した廃校案は、２０１６年度の新入生が90人に達しなかった場合には、２０１８年度から募集を停止して２０１９年度末で閉校するというものであったことから、教師、卒業生、ＰＴＡは新入生の獲得のためにまさに全国を駆け回りましたが、結果的に4月の新入生は59人にとどまり、存続の条件をクリアすることはできませんでした。それでも前年度の41人から大幅に増やしたことは学校関係者に希望の灯をともし、ＰＴＡのＯＢ会は「北星余市の存続を願う会」を立ち上げて4万６０００筆もの署名を集めるとともに、歴代の校長たちが呼びかけ人となった「北星学園余市高等学校の存続を求める教育関係有識者共同声明」を理事長に提出することで、全力で支援しました。その声明文は北星余市高校の教育を築き上げてきた元教師たちの深い思いが込められ、現役の教師たちへの熱いエールでもありました。ここに全文を引用します。

北星学園余市高等学校（以下北星余市という）は長きにわたり、不登校や非行、発達障害などの様々な理由で行き場を失った子供たちの受け皿・セーフティーネットの役割を担ってきました。

彼らが行き場を失ったのは、過度の競争的教育環境や格差社会における貧困化など、多くが社会的要因によるものです。北星余市の教育は社会的使命を帯びたものであり、その存在価値は増すことはあっても、決して失われていません。

近年の入学者減少と経営難を理由に、廃校の方針が北星学園常任理事会から示唆されました。廃校は、北星余市で培われた教育の理念と経験はもちろん、地元余市町の住民との協働で成り立った教育環境という稀有な財産を失うことを意味します。他の高校・教育機関が容易に代替えできるものではありません。

今必要なのは廃校を急ぐことではなく、行き場を失った子供たちを北星余市に結びつける努力です。いま一度、北星余市の社会的役割と学校教育に占める重要な位置を認識し、廃校方針を見直すことを求めます。

呼びかけ人——馬場 達、深谷哲也、佐々木成行、山 弘子、幅口和夫

その結果、２０１６年９月７日の理事会で条件付きながら当面の存続が最終的に決定しました。その条件とは、（１）生徒総数２１０人以上（1年次入学者は70人以上）1学年2クラス以上を確保する、（２）教職員は最小配置数とする、（３）単年度赤字が当面４０００万円以内にする、というものでした。

条件付きながら存続が決まったことで、次年度の新入生の確保に向けた取り組みはさらに活発になり、それをメディアは積極的に取り上げることで後押ししました。３月末のぎりぎりまでの努力の結果、２０１７年度には72人の新入生を迎えることができ、最初の関門をクリアすることができました。ただ、これはあくまでも第一関門の突破にすぎず、これで取り組みが終わるものではないことはいうまでもありません。少子化の中ですべての高校は存続の危機にあるといっても過言ではなく、小さな私立高校が存続することはただでさえ簡単なことではありません。皮肉なことに、存続の決定によって一連の廃校危機報道は終わりを迎え、メディアへの露出は激減することになりました。その意味では、これからがまさに北星余市存続の正念場といえます。

余談になりますが、ローカル鉄道と高校の存続にはとても深い関係があります。ローカル鉄道は車社会になって乗客が減少し、運行する列車が減ることで不便になり、ますます乗客が減

る悪循環の末、多額の赤字を抱えて存続の危機に直面し続けていますが、それでも続いているのは高校生の通学手段として必要とされていることが大きな要因のひとつです。北海道遠軽町の石北本線旧白滝駅は、たった一人の女子高生のために一日に上下合わせて3本だけの列車が停車していましたが、彼女の卒業とともに2016年3月に廃止されたのは象徴的です。全国各地のローカル鉄道の存続のために高校生たちも一緒に活動している事例が多くあります。その一方で、若年人口の減少は高校の存続の危機をもたらし、高校がなくなれば鉄路を守ることはますます難しくなります。鉄道も高校生も地方の衰退の象徴のようになっていますが、逆にいえば高校は地方再生の要といえるかもしれません。

2 この学校をなくしてはならない

話を北星余市に戻します。廃校を検討していることが報道されてからの大きな反響と、多くの人たちを巻き込んだ存続へ向けた活動は、ただ単にかつて全国的に知られた高校でテレビドラマのモデルになったからというだけのものではなく、この問題が起きたことをきっかけにして紹介された北星余市の教育実践に対する率直な評価も影響したと思われます。すでに「ヤンキー母校に帰る」を知る世代は中年期を迎え、高校受験を控えた子どもを持つ親になっている人も多いことでしょう。今の高校にはバリバリのヤンキーはすでに絶滅危惧種になり、その意味ではこの学校の使命は終わったように思われたかもしれませんが、テレビが伝える今の北星余市にはヤンキーだけでなく不登校や発達障害など、さまざまな問題で高校生活に困難を経験してきた生徒に熱心に向き合う教師や下宿のおばちゃんの姿があり、いまだにその教育的な価値が大きいことが実感されたのではないでしょうか。「この学校をなくしてはならない」という思いが多くの人たちに共有され、そして私もその一人でした。

この学校にはなくしてはならない何かがあるに違いないのですが、その何かとは何でしょうか。北星余市の卒業生や保護者は、「この学校に救われた」とか、「余市で大きく成長した」など、ここでの教育に感謝し、高く評価するメッセージをたくさん残しています。『やりなおさないか君らしさのままで』（教育史料出版会、１９９５年）、『続やりなおさないか君らしさのままで』（同、２００３年）には、多くの卒業生と保護者の感動の手記が載せられています。北星余市に入学してくる生徒たちは、地元の中学校や高校でうまくいかず、そのことで親もずいぶん苦労していることが多いので、余市で3年間がんばって卒業したときの親の感動もひとしおです。卒業文集というのはどこにでもあるかもしれませんが、北星余市には『北の星』という親たちの卒業文集があります。学校につまずいて傷つくのは子どもだけではなく、親にとっても辛い体験になります。親たちの感謝の気持ちでいっぱいの文集からも北星余市の教育を残さなければならない強い気持ちが伝わってきます。

これらのメッセージはたしかに読み手の心に訴えるものがありますが、あくまでも当事者の個人的なレベルでの話であり、広く社会一般の共感につながるものとはかぎりません。ふつうに中学校を卒業し、ふつうに高校に進学した生徒とその親には、北星余市のような高校は無縁のものであり、正直なところどうでもいい問題でしょう。不登校や中退者を受け入れる高校は「レベルの低い」学校であり、「底辺校」という呼び名で一括され、誰もあえて行きたがらないというのが一般的な認識でしょう。そんな「底辺校」に教育的価値を感じ、廃校の危機に対して同情はしたとしても、積極的に存続を求める理由を見出すのは簡単なことではないに違いありません。北星余市の廃校の話題がノスタルジーではなくても、それが同情からくるものであったとすれば、存続活動にこれほどまで関心が向けられることもなかったのではないでしょうか。北星余市の存続が全国的に注目された背景には、現在の高校教育のあり方への漠然とした疑問があり、この学校の「ヤンキー」に向き合った時代から続く情熱的な高校教育に、今の高校教育が見失った何かがあるという人々の思いがあったに違いありません。

北星余市の名前が広く知られるようになったのは、１９８８年に全国から高校中退者を受け入れるようになったのがきっかけでしたが、現在では高校教育の事情は大きく変わり、不登校生徒や中退者を受け入れる学校は全国に多数存在しています。今では中学校での不登校が高校進学の道を閉ざすことはなく、入学した高校を中退することで中卒の学歴で生きていかなければならなくなるわけでもありません。さらには、全日制と定時制の高校は学校数、学級数を減らして縮小する流れの中にあっても、通信制高校は学校数が増加し、高等学校卒業程度認定試験の合格者も年に1万人に迫ろうとするなど、高校教育の選択肢はますます増え、高卒の資格を得る機会は格段に広がってきています。今や北星余市が高校教育から排除された生徒たちを受け入れた時の使命は完全に終わったといってもよく、わざわざ北海道の見知らぬ小さな町に子どもを行かせる理由もなくなってしまいました。その意味では、時代の役割を終えて廃止された増毛駅と何ら変わらないかもしれません。しかし、それでもなお北星余市の廃校問題は時代の終わりを惜しむだけのことではなく、「絶対になくしてはならない」という気持ちを禁じ得ない何かがあります。それはいったい何なのでしょうか。

児童精神科医として中学校で不登校になった子どもや高校入学後に登校できなくなった高校生とその保護者と向き合ってきた臨床経験の中で、私は精神医学の枠組みを超えて教育学や心理学の研究者たちと高校教育について検討し、思春期の育ちと関連した高校教育の意義として「移行支援としての高校教育」という考え方を提唱し、出版や講演を通して発信してきました。「移行支援としての高校教育」については第2章で詳しく説明しますが、この理念に沿った教育実践のひとつとして北星余市にも強い関心を持ち、実際に何度か余市を訪れて生徒と教師のやりとりを直接見させていただいてきました。「移行支援としての高校教育」の具体的な教育実践として、さらに深く理解していこうと思った矢先に飛び込んできた廃校検討のニュースは、私にとっても青天の霹靂で大きな衝撃でした。まだ出会ったばかりではありましたが、「この学校は絶対になくしてはいけない」という直感がありました。具体的に言葉で説明することは難しくても、この学校には現在の高校教育が抱える根深い問題に対するひとつの答えがあるのではないか、そしてそこには不登校生徒が抱いている学校に行けない理由を理解するヒントになる何かがあるに違いないという思いがありました。

３「底辺校」の実力

「底辺校」と呼ばれる高校は、「正規の高校教育」からこぼれ落ちてくる生徒の受け皿なのでしょうか。それはすべての子どもに「最低限の高校教育」をとりあえず保障する生活保護のようなものなのでしょうか。「底辺校」という表現は、入試の偏差値によるピラミッド型の階層構造の一番下に位置することを意味しているものですが、「底」という字からは落ちるところまで落ちたというような悲観的なイメージが連想され、そこには虚しさや敗北感、さらには強い劣等感さえ抱かせる否定的な響きがあります。

入学する生徒を選抜するための入試の偏差値が、その高校の教育の価値を決めるものではないはずですが、世間の評価だけでなく教育関係者も偏差値のランクで学校を評価するのが当たり前で、そこに疑問すら抱かないのが現状かと思います。すでに中学校で不登校になり、学習の機会を失った生徒は必然的に高校入試では絶対的に不利な状況に追い込まれ、彼らは偏差値ランクの低い高校、つまり「底辺校」に集まることになります。しかし、やっとの思いで学校教育の再スタートを切るために入学した高校への世間の評価は低く、それはあまりにも厳しい現実です。同じ高校とはいっても、地域の「ふつう」の高校とは一線を画して見られたり、差別的な視線を向けられたりすることさえあります。制服でどの高校かが一目でわかることも差別感を助長する弊害があります。

しかし、冷静に考えてみれば、入試の偏差値による評価はその高校への入りやすさ（難易度）の指標にすぎず、その高校の教育力とはまったく次元の違うものです。地域のトップ高に入るためには高い学力が求められ、そのために十分な受験勉強をしてすでに学習習慣ができている生徒を教えることと、学校生活につまずいて学力が低いだけでなく、学習経験の乏しさからどうやって学習したらいいのかさえわからない生徒を教えるのとでは、どちらが大変でしょうか。高校の教育力という観点からは、むしろ「底辺校」のほうがより高い教育力が求められるのではないでしょうか。「底辺校」での教師たちの献身的な努力があっても、高校教育が大学進学の実績で評価される現状では、彼らの努力が適切に評価されることはありません。その結果、「底辺校」の教師にも敗北感が漂うようなことになれば、生徒の自尊心はさらに傷つきます。

問題は、高校教育が学力、より正確には「受験学力」によって評価され、それを誰も疑わないことにあります。この融通の利かない固定観念が「底辺校」をクズの集まる学校と決めつけ、その教育力を否定的に見て、教師たちの努力を認めようともしない風潮を作り上げているのです。勉強だけが高校教育のすべてではないということは、理屈の上では理解できても、現実的には教育の価値をますます学力に求める傾向が強まり、それ以外の価値観を見出すことが困難になっています。そこに私たちが漠然と抱く高校教育に対する割り切れない思いの原因があるように思います。

しかし、それは「底辺校」にかぎらず、すべての高校教育に通じるもので、世間からは勝ち組と見られるエリート進学校でも同じです。たしかに進学校にとって有名大学への合格者数は目に見える実績ですが、実際には大学受験は必ずしも高校の実績とはいえないものになってきています。今や大学入試のノウハウは大手塾と予備校が握っており、難関大学を目指す生徒は高校と塾とのダブルスクールが当たり前になり、受験勉強に関しては塾に軸足を置くのが受験のスタンダードとなっています。そんな現実を見ると、どんなに大学合格者ランキングの上位に載ったとしても、高校教育の成果としては素直に喜べない複雑な思いが残ります。

東大をはじめとする難関大学に多数の合格者を出す名門私立高校が生徒募集を停止して廃校になろうとしても、同窓生からは母校がなくなることを惜しむ声があがったとしても（つまり増毛駅のようなノスタルジー）、全国を巻き込んだ存続運動になることはないと思います。なぜなら、東大を目指すための高校は他にもいくらでもあり、受験生は冷静に次の学校を選択するに違いないからです。受験のすべては塾が握っているとすればなおさら高校のブランドにこだわることはないかもしれません。「底辺校」の対極にあるエリート進学校でも、高校教育の本質はますます見えにくくなり、混迷は深まるばかりです。

4 全入時代の高校教育の役割

現在はほとんどの子どもは中学校を卒業した後は高校に進学し、今や高校進学率は98・8％（2017年度学校基本調査）に達し、進学を希望する者は高校教育を受けることができる全入時代になったといえます。1974年に高校進学率が90％を超えてからすでに40年以上が経ったものの、すべての人が受ける高校教育とはどんなものかは依然としてはっきりしないままです。私たちの心の奥底には、かつての「うちは貧しくて高校に行かせてもらえなかった」時代の高校のイメージが今なお残り、必ずしもすべての子どもに開かれた教育としては根付いていないところが感じられます。そこには依然としてエリート対非エリートという構図があり、エリート校を基準にすればそれ以外の高校は二流、三流という位置づけにされてしまいます。そうなると、「底辺校」は非エリートの究極となり、そこに高校教育としての価値を見出すことさえ難しくなってしまいます。「底辺校」の教育は「本物の」高校教育といえるものではなく、存在価値さえないのでしょうか。

現在の学校教育は、幼稚園から高校まで、すべて国が定めた学習指導要領に沿って、全国一律に行われています。同じ教科は、どの学校でも、どの教師が教えても、その内容が変わらないのが原則です。少なくとも義務教育である小中学校については、学校によって教育内容が大きく変わることはありませんが、同じ授業を受けていても習得の度合いは個人によって差が出ることはあるので、残念ながら結果が同じになるとはかぎりません。高校についても基本的には同じですが、入学試験によって学力別に進学する学校が振り分けられるので、高校ごとに学力レベルに差が生まれ、その結果、授業内容にも違いが出るのはやむを得ないことです。しかし、低い学力の生徒であっても、同じ高校教育を受けていることに変わりはなく、卒業の基準もまったく違いはありません。つまりどの高校であろうと、学歴としては同じ高卒であり、高卒資格にランクはありません。

要するに、私たちは高校教育を目に見える数字で表される学力や大学進学実績だけを頼りにして、競争的な教育の勝ち組の方を基準にして見ることしかせず、そこで勝ち残れなかった生徒や、そもそも競争的な教育に入らない生徒にとっての高校教育というものをしっかりと考えないまま、すべての子どもたちが対象となる、つまり全入時代の高校教育とはどうあるべきかが曖昧なまま現在に至り、表面的な高校改革を繰り返し、さらに迷走を続けているように思えて仕方ありません。もうそろそろ、すべての子どもたちのための、ユニバーサルな高校教育とは何かを真剣に考えなければならないのではないかと思います。

5 北星余市の廃校問題の衝撃

「底辺校」として半世紀にわたって多様な生徒たちの高校教育を保障するために奮闘してきた北星余市の廃校問題は、不登校生徒や中退者を受け入れる高校が普及する中で忘れ去られようとしていた「底辺校」の教育実践にあらためて光を当てるきっかけになり、私たちが常識的に認識している古い高校教育ではなく、かつては入試でふるい落とされて入学してこなかった生徒や、学力や素行の問題で中退していったような生徒まで受け入れるようになった現在の高校教育をとらえ直す貴重な機会を与えてくれたと思います。

今回の北星余市の廃校のニュースを聞いた人の中には、「あのヤンキーの高校ね」と思い出した人も多かったことでしょう。たしかに「ヤンキー」のおかげで有名になったので、そう思われても仕方ありませんが、昔も今もヤンキーばかりの高校だったわけではありません。「ヤンキー」に象徴されたのは、一度は高校教育から排除されたけれど、それでもやっぱり高校に行きたいという若者たちであり、その思いをしっかりと受け止めて高校生活を提供してきた教師と地域の人たちの実践です。そこには15歳からの大人に向かう成長のために必要な教育的営みの蓄積があります。それは決して過去の遺物ではなく、今なお生き続ける貴重な経験であり、私たちが高校教育の本質を知るための生きた教材でもあります。

北星余市廃校の危機は、現在の高校教育が抱える問題をこれ以上先送りしてはならないことを示す警鐘として受け止めなければなりません。ますます進む少子化の流れの中で、世間から評価されない「底辺校」は真っ先に淘汰される運命にあります。存続に向けた、教職員、在校生、同窓生、ＰＴＡ、余市町の人たちの必死の努力に加えて、新聞やテレビなどのメディアの後押しもあって、かろうじて生き延びてきた北星余市も、この先いつまでこの教育を続けられるかまったく見通しが立たない不確かな状況が続くことでしょう。たしかに、この高校がなくなったとしても、行き場のなくなる子どもはいないかもしれません。わざわざ北海道まで行かなくても、高校教育の機会が奪われるわけではないでしょう。しかし、単なる高卒資格ということだけでなく、思春期の育ちのニーズに応える「移行支援としての高校教育」の場はそう簡単には見つけられるものではありません。

実は、北星余市の廃校騒ぎは今回が初めてではありません。それどころか、余市町の強い要望でやっとの思いで開校にこぎつけた時点で、すでに管内の中学生人口の減少は進行していて、一期生から定員の確保が危ぶまれながらのスタートだったという経緯があります。この学校が全国的に知られるようになった１９８８年の全国からの中退者の受け入れにしても、地元からの進学者が激減し、当時の馬場達校長の学校の存続をかけた大決断でした。この時は、教師たちも赤字の穴埋めに給料の４％を寄付することまでして、学校の存続に一致協力しています。比較的最近でも「ヤンキー」ブームが終わった２００６年以降は入学者が１００人を割り込み、いつ募集が停止されてもおかしくない状況での学校運営が続いてきました。

そしてさらなる生徒減少が今回の理事会による廃校方針を引き出すことになりましたが、ここで注意しなければならないことは、この廃校の判断はあくまでも経営上の理由によるものであり、北星余市の教育そのものが時代遅れになって必要性がなくなったのではないことです。だからこそ、これまでの廃校の危機を乗り越えて存続することができたし、今回も存続を求める声が止まないのではないでしょうか。

開校以来50年のギリギリの状況の中で、それでもさまざまな困難や傷つきを抱えた生徒たちを受け止めながら育て続けてきたノウハウは、伝統芸能や巧の技術のように、一度途絶えたら容易に再現することはできないものです。それほど貴重でかけがえのない教育実践のノウハウが北星余市には脈々と伝えられてきました。なくなってからでは手遅れです。幸いにも、私たちはギリギリのところで、その価値に気付くことができ、そこから高校教育の本質を知る手がかりを得ようとしています。ただ単に存続させることではなく、そこに何があるのか、そして思春期の育ちに本当に必要とされる高校教育とは何なのかをあらためて問い直し、それを教育関係者だけでなく、広く世間の人たちと共有しなければなりません。

常識や先入観にとらわれず、今の子どもたちの思いをしっかりと見据えて、建前ではなく本音で高校教育を考えなければなりません。今こそ制度としての高校教育ではなく、子どもが成長するための教育とは何かを考えてみようではありませんか。

第1章

高校教育を問い直す

1 高校に行くのが当たり前の時代

現在の私たちの社会には学校教育はすっかり定着し、学校は子どもたちの生活の一部になり、重要な育ちの場にもなっています。その結果、子どもたちは基本的に平日の日中のほとんどの時間を学校で過ごすことになるので、街からは子どもの姿が消えることになります。もっとも、少子化が進む現在では、子どもの人数自体が減少しているので、ただでさえ子どもとの接点は少なくなり、とりわけ若者の流出が続く地方では学校も統廃合され、朝夕に通学する子どもたちを見ることさえできなくなってしまいました。ともあれ、子どもが毎朝学校に行くのは当たり前のことであり、私たちの日常生活のふつうの光景として溶け込んでいます。「子どもは学校に行くものだ」と誰もが信じて疑わないほど、日本の学校教育は普及し、広く浸透しているといえます。

義務教育である小学校と中学校に通うのは当然であり、大人たちはそれこそまさに子どもの「義務」だと思っているでしょうが、実はそれは大人たちの勝手な解釈で、義務教育というのは保護者が子どもを学校に行かせる義務という意味であり、子どもの義務ではありません。ですので、子どもが学校に行かないことは義務に反していることにはならず、子どもを学校に行かせない親の責任ということに理屈上はなります。病気や家庭の事情などのために、登校が困難な子どもたちもいますが、ほとんどの子どもは中学校までの9年間の義務教育を修了しています。それに加えて、中学校卒業者のほとんどが高校に進学するようになっているので、義務教育の9年間にとどまらず、少なくとも12年間の学校教育を受けることがまさに当たり前になっています。先進国の中でも教育への公的支出が少なく、親の経済的負担が大きいにもかかわらず、これほどまでに高校教育が普及しているのは、学校教育の価値を高く見る国民性が反映しているものと思われます。

結果として、高校教育は事実上の義務教育といってもよいものになりました。かつて、これほどまでに高校進学が当たり前ではなかった時代には、親は「高校に行かせてやる」、子どもは「高校に行かせてもらう」というような表現がよく使われ、「ありがたい」特別な教育というイメージがありましたが、今では高校に進学しないことはあり得ないことの如く親は「高校には行ってもらわなければ困る」と、まさに親の責任としての義務教育であるかのように子どもに高校進学を求めることで義務を果たしているように見えます。子どもが「高校に行かない」とか「辞める」などと言い出そうものなら、親は「高校だけは出てほしい」と懇願したり、「高校も出ていないようでは生きていけない」と、子どもを脅しつつも子どもの将来に大きな不安を抱くほどになっています。それほどまでに、高校教育は当たり前のものであり、子どもが高校に行くのは「ふつう」のことになっています。今の親にとって高校教育は、本当の義務教育以上に親の義務を感じるものになっているとさえいえるかもしれません。

2 「ふつう」のプレッシャー

進学率が98・8%となり事実上の義務教育といってもよい高校教育ですが、少子化による中学校卒業者数の減少によって、高校教育の間口はますます広くなり、進学を希望する者は全員入学が可能な全入時代になってきました。こうなると高校に行くことは特別なことではなく「ふつう」のことになり、明確な目的や意欲がなくても、自分が入れそうな高校を見つけて進学していきます。それは高校教育の機会が保障されたという意味では良いことではありますが、その一方で、これだけ多くの子どもが高校に行く時代になると、高校に進学しない選択をすることには逆に強い意志とエネルギーが必要になり、中卒後の進路選択の幅が狭まるという結果をもたらすことになります。実際に、中卒での就職の道はほとんど閉ざされたといっても過言ではないと思います。

これほどまでに、私たちの意識の中では高校までの学校教育が当たり前になっていて、もはや選択の余地はなく、それは子どもたちの意識の中にもすっかり定着しています。だからこそ、中学生は高校受験を見据えて塾通いをしてまで勉強し、さらには内申書というプレッシャーを感じながら学校生活を送らなければなりません。それは不登校状態の生徒でも変わらず、高校に行かなければならないプレッシャーが中学校に登校できていない自分をさらに苦しめ、限られた情報の中で悲観したり自暴自棄になることさえあります。「みんなが行く」「みんなが行ける」ということは、それが難しいと感じる状況にある者にとっては、想像以上に重いものに感じられることもあるのです。

高校に行くのが「ふつう」になった現在では、子どもたちは高校に進学するかしないかを考えることは省略して、どこの高校に行くかが最大の懸案になります。もっとも、今では私立の中高一貫校だけでなく公立の中高一貫教育をする中等教育学校ができてきて、制度的にも高校教育は中学教育と一体化して義務教育に組み込まれる傾向も見られ、わざわざ高校を選ぶことすら少なくなってきました。中高一貫の学校は高校受験の負担がないメリットがありますが、そのかわり小学生のときから中学受験のための勉強や塾通いをしなければならないので、受験の負担という面では時期が異なるだけで、必ずしも負担が軽くなるともいえません。いずれにしても、中学校から高校へはほぼ自動的に接続しているというのが現状といえます。

しかし、ここで注意しなければならないことは、これほどまでに高校に行くことが「ふつう」になると、そこからの逸脱に大きなプレッシャーが生じるということです。1クラス40人の中で10人が高校進学以外の進路を選ぶのと、一人だけ高校受験に失敗して高校に進学できないのとでは、同じ高校に行かないことに対する本人の気持ちも周囲の見方も大きく異なります。ましてや現在の高校進学状況は、高校に行かないのは全校で1人いるかいないかというレベルであり、高校に行かない・行けないことは異例中の異例とさえいえます。そのため、誰からも理解してもらえない孤立・孤独感も襲いかかります。

高校進学にかぎらず「ふつう」という意識は、私たちの生活にとても重要な意味を持っているように思います。私たち日本人は、他人と違っていることに不安を抱きやすく、みんなと同じ、つまり「ふつう」であることで安心する傾向があります。強い個性や独特の行動パターンは逸脱と見なされ、時には「異常」さらには「障害」と決めつけられて、排除されることさえあります。これが学級で起これぱいじめです。「ふつう」から逸脱することでとたんに危険に直面することになるとすれば、どうしても「ふつう」にしがみついていなければなりません。

さらにややこしいことは、「ふつう」の基準は曖昧で、きちんとした根拠や定義がないことです。大多数の人が正しいと思っていることや、影響力のある人の意見が「ふつう」になることで、それに従わない人は「ふつうではない」、つまり「おかしい人」「変な人」になってしまいます。私たちは実に不確かな「ふつう」にしがみつき、そこに一喜一憂する傾向があり、高校教育にも少し冷静に考えてみれば疑問が出てくるたくさんの「ふつう」、つまり根拠の薄い常識があります。そのことで、子どもたちが排除されたり、辛い体験をしていることがあるとすれば、「ふつう」に安易に迎合するわけにはいきません。

3 高校は義務教育ではない

高校教育のもっとも一般的で、なおかつもっとも強固な常識は、「高校は義務教育ではない」というものです。高校生活に意欲がなく、遅刻や欠席が多かったり、テストで赤点を取ったりする生徒に、担任や生徒指導の先生は「高校は義務教育ではないから、やる気のないやつは来なくてもいい」「高校は義務教育ではないから、単位が取れなければ卒業できない」など、何かにつけて「高校は義務教育ではないから」というフレーズを枕詞のように使います。先生の言っていることは生徒も保護者も十分にわかっているので、ここの部分で意見がくい違って対立することはめったにありません。それどころか、特に保護者はほんとうに退学になったり、卒業できないことにならないかと深刻に心配するものです。

ここでの「高校は義務教育ではない」という意味は、まさに制度上の高校教育のことを表していますが、要するに義務教育ではないから保護者に行かせる義務もないし、生徒も無理に来ることはない、勉強したくなければいつ辞めてもよいというメッセージを伝えています。このメッセージを裏返せば、高校は勉強したい者だけが来るところで、生徒たちは自発的かつ意欲的に勉学に励むことが前提で、なおかつ一定の学力レベルを達成しなければならない、つまり結果を出さなければならない、そうでなければ切り捨てられても仕方がない、つまり自業自得ということになります。義務教育ではない高校はすべて本人次第で、その結果は自己責任ということを正当化します。そして実際に１９９０年代までの高校では、校則違反、学力不振、出席時間数の不足などのために高校を辞めていくことがよくありました。

しかし、高校が義務教育ではないことは今も昔も変わらないものの、現在の高校教育の実態はまったく違います。すでに繰り返し説明してきたように、現在の高校教育は事実上の義務教育といっていいほどに、すべての子どもたちが「受けざるを得ない」教育になっていて、もはや一人ひとりの生徒が希望して進学するのとはほど遠いものになっています。その結果、高校を卒業することが社会に出るための必須の条件になり、特別な目的や勉学の意志の有無にかかわらず、高校進学以外の選択ができない状況になっています。義務教育である小中学校がすべての子どもたちを受け入れているように、今や高校教育は誰も排除しない教育であることが求められ、そして実際に現場では困難を抱える生徒を必死で支える教育活動が行われています。

事実上の義務教育として、行きたくなくても行かなければならない高校という現実は、今では多くの人に理解されていますが、なかなかそれを声高に言い切る人は多くありません。誰も排除しない高校教育に対しては、甘いとか過保護という批判が向けられることさえあります。勉強したいから高校に行くというのは高校に対する古い考え方ともいえますが、高校教育がエリート教育であったり、行きたくても行けなかったという経験を持った人たちが社会にはまだたくさんいることも忘れてはなりません。高校進学率が90％を超えたのは１９７４年で、現在60歳代以上の世代にとっては今の高校の実態はまったく想像がつかないものかもしれません。それを考えれば、現在でも高校教育に対して古い考え方が大きな影響を残していても不思議ではありませんが、とかく常識はあらためて検証されることなく信じられていることが多いので、すべての世代で高校教育についてあらためて考え直してみる必要はあると思います。

4 どうして入試があるのだろう

高校は義務教育ではないこととも深い関連がありますが、高校は入試に合格しなければ入学できないという常識があります。これも中学生はみんな知っていることで、そのために日頃から「ちゃんと勉強しないと高校に入れないぞ」とプレッシャーをかけられて勉強させられています。「心配ないよ」と平気な顔で親をやり過ごしていても、中学生にとっては試験で行き先が決まる入試制度は大きな試練であることには違いありません。一般的に入試は国語や数学などの学力テストなので、日頃から試験の成績が悪い中学生は「俺なんかが入れる高校はない」とか「俺は頭悪いから高校に行けない」などと、勝手に決めつけて劣等感を強めていることもあります。

高校には入試があることはあまりにも当たり前なので、「なぜ入試があるのか」が議論されることはめったにありません。ましてやこれから高校受験をしようとしている当事者にとっては、入試制度に文句をつけたところで入試がなくなるわけでもないので、切羽詰まった状況でなかなか議論の機会さえないかもしれません。試験科目や判定方法など、入試制度についての議論はあっても、そもそも入試の存在そのものが話題になることはなく、高校入試は脈々と続き、当たり前のものとして受け入れられているように見えます。

入試、正式には「入学者選抜試験」は、まさに「高校は義務教育ではない」ということの象徴ともいえます。義務教育のように自動的に就学するのではなく、あくまでも入学願書を出して、選抜試験を受けて、入学が許可された者だけが入学できるシステム自体には何の矛盾もないように見えます。試験によって「選抜」される方式には、受験生の意欲と実際の努力の結果の両方が反映し、否が応でも義務教育との違いを思い知らされる儀式になります。しかし、入試についても全入時代の現在にあっては違和感を抱かざるを得ないところがあります。

そもそも入試とは何なのか、何を「選抜」しているのでしょうか。高校に関しては、戦後新しく発足した新制高校は、アメリカのハイスクールをモデルにした「高校三原則」に基づいて作られた歴史があります。この三原則とは「小学区制、男女共学、総合制」で、簡単に言うと学区にひとつの高校しかなく、その学区の生徒はすべて入学することができ、希望に応じて進学コースと就職コースを選べるというものです。したがって、入試はなく、希望する者をすべて受け入れることになります。そして、日本の新制高校もそれにならって入試をしない方針(定員超過の場合のみ中学校からの報告書に基づく選抜を実施)でスタートしたものの、高校の設置が進学希望者の増加に追い付かず、間もなく学力検査による選抜が認められるようになりました。その後1963年には入学者選抜を完全に実施することになり、選抜方法の多様化などの変更はあったものの現在まで選抜は続いています。

歴史的に見れば、高校入試は進学希望者数に対して入学定員が不足していたため、やむを得ず実施することになったわけですが、入学者選抜完全実施から3年後の1966年には全国の高校入学者数は入学定員の総数を下回り、国全体としては定員超過の状態を脱して選抜をする必要はなくなったといえます。ただし、この時点では高校進学率は70％程度なので、さらに高校の新増設を続ける必要はあったものの、現在に至るまで入学者数が入学定員を上回ったことはありません。2017年度の入学状況でも、全日制の入学定員114万人に対し入学者は107万人で、約7万人の定員割れとなっています。高校教育の需要に対して供給が足らないために選抜を実施するという理由はとっくに終わっているのです。

定員超過に代わって入学者選抜の根拠とされたのが「適格者主義」といわれる方針でした。要するに、高校の教育課程を履修できる見込みのある者のみが高校に入学できるとするものですが、その根底には高校教育を受けるためには一定の条件があり、高校教育は義務教育ではないという信念が明確に読み取れます。高校教育がますます普及していく段階で、時流に逆らう方針転換といわざるを得ません。今日では多様な選抜方法が認められるようになり、学力検査を用いない入試も可能になっていますが、適格者主義はそのまま生き残っています。

高校教育が事実上の義務教育であり、すべての子どもに高校教育を保障する必要性は認めながらも、適格者主義に基づく入学者選抜に疑問を持たないことは矛盾します。それでも多くの人たちが入試の存在を容認している裏には、もうひとつの常識が浮かび上がってきます。それは高校には入試の難易度によって定義される格付けがあるというものです。つまり、偏差値による序列で、高校入試は学力によって進学する高校を振り分ける役目を果たすことになり、それこそが入試の意味であることは誰にでもわかりきったことです。

選抜制度がダメだと一概にいえるものではありません。もともと教育には競争的な性質があり、それが生徒の目標ややる気につながることで成長を促す側面があります。また、学習によって獲得したものの優劣による利害が生じることも当然といえば当然です。教育には冷徹な能力主義と競争原理があり、理想的な平等主義だけでは語れないのも事実で、そこには必然的に「勝者」と「敗者」が生まれることになります。それは学校の時だけの一時的なものであればいいのですが、現在の学歴社会はこの学校教育での勝ち負けを生涯にわたって学歴として固定化してしまう問題があります。だからこそ、高校受験（あるいは中学受験）が人生を左右するほどの大勝負になっているわけです。

しかし、事実上の全入時代を迎えた現在では、高校は勝者だけのものではなく敗者のものでもあります。勉学への意欲や一定以上の学力で一律に入学の条件を設定することには無理があり、すでに適格者主義は形骸化しているといわざるを得ません。高校教育はますます多様化し、そこで学ぶ生徒たちの学力も実に多様であることは、すでに誰でも知っています。そのような状況の下で残っている入試制度というものは、多様で不均質な高校を学力によって序列化する手段であり、学力によって分相応の学校に振り分ける装置といえます。学力別に教育することは合理的なことですが、それぞれの学力に応じた高校教育が十分に配慮されなければ、下位校への差別や偏見が助長されるだけになりかねません。

全入時代の入学者選抜制度について、そろそろ本格的な再検討が必要かと思いますが、さまざまな思惑を含みながらも入試制度は当面なくなることはなさそうです。そうであれば、偏差値だけに頼るのではなく、一人ひとりがしっかりした信念を持って高校を選択するしかありません。

5 卒業は当たり前ではない

入学者選抜制度はなくなりそうな気配はありませんが、選抜方法の多様化によって、高校進学希望者が高校に入学するチャンスは広がり、中学校で不登校であったり、学力不足ということで高校進学が閉ざされることはほとんどなくなってきました。しかし、義務教育ではない高校は、入学したからといって卒業できるとはかぎりません。規定の時間数の授業に出席し、試験を受けて合格点を取って、単位を修得しなければ卒業できません。高校中退は学歴としては中卒になり、就職に際して大きな不利を被る可能性があります。だからこそ、不登校の子どもたちも一度は高校を中退した者も、必死になって高校卒業を目指しています。高校は入るのにどんなに苦労したとしても、入っただけでは何の役にも立たず、卒業するかしないかは天国と地獄ほどの違いがあるので、卒業は大きな目標になります。

しかし、卒業までの道のりは決して平坦なものではありません。入り口は広くなりましたが、卒業という出口はそれほど広くない現実があります。かつて高校中退といえば、「ヤンキー」に代表されるような非行や校則違反などのために懲戒処分として辞めさせられたイメージがありましたが、現在では「ヤンキー」は陰を潜め、かわって不登校や学力不振のために単位が取れずに辞めていくケースが増えています。それでも、中退者数は1985年度の11万4834人をピークに減少し続け、2015年度には4万9263人と半減しています。在籍者に対する中退者の割合（中退率）で見ても、2・2％から1・4％に減っています。しかし、この数字だけを見て喜んでいられるほど問題は単純ではありません。文部科学省が公表している中退者のデータには、在籍校から他の高校へ籍を移した転学者が含まれていません。つまり、公式の退学者数は完全に高校教育から離脱した者だけを表していて、必ずしも高校中退問題の実態を表していない面があります。たとえば、定時制・通信制よりも中退率が低い全日制高校でも、入学した生徒のうち5〜6％は3年後に卒業できていません。

とりあえず退学ではなく転学することで高校を続けていけば、卒業できるチャンスが残ります。転学の受け入れ先としては、約1割が定時制、残りの9割が通信制ですが、これらの高校の中退率は定時制が10％、通信制が5・5％と、全日制の1・1％よりもかなり高くなっています。つまり、転学した後のほうが卒業への道のりが険しいという現実が待っており、ここからも高校中退の実態は単純な中退率よりも厳しいことが想像できます。結果的に、99％近くの中卒者が高校に進学していながら、25〜29歳の人の4・6％は高校卒業の学歴を持っていません（平成22年国勢調査）。

高校進学率が注目される一方で、高校教育の機会は広がっても高校教育を完全には保障できていないギャップが存在していることを見過ごすことはできません。

6 多様な高校教育の広がり

序章で紹介した北星余市高校が1988年に全国からの中退者を受け入れるようになったころは、まさに「素行不良」のために退学になった生徒を受け入れる高校はほとんどなく、結果的に高校を続ける道は閉ざされ、そのまま社会に出て行くしかありませんでしたが、現在では中退者の受け皿となる高校は増加し、退学がそのまま高校教育の終わりにならずにすむようになりました。かつては排除された生徒を受け入れるようになった高校教育は、これまで以上に多様化して裾野を広げながら発展し続けています。その結果、現在では伝統的な全日制高校に通うだけでなく、高卒資格を得るためのルートは多様化しています。

なかでも通信制の普及は目を見張るものがあります。通信制はもともと定時制とともに働きながら高校教育を受ける勤労青少年と成人のために設置された学校ですが、時代とともにその役割は変わり、現在では不登校経験者や全日制高校からの転入者の受け皿として、まさに高校教育のセーフティネット、最後の砦の役割を果たすようになっています。１９８９年の学校基本法の改正で、それまで「4年以上」だった定時制・通信制課程の修業年限が「3年以上」に変わって全日制と同様に3年で卒業可能になったことや、２００３年からの規制緩和政策によって株式会社が学校を設立できるようになって私立の通信制高校が増えたこともあり、通信制の生徒数は毎年増加し続け、２０１７年度には学校数は２５０校、生徒数は約18万人となり、学校数では定時制（６４４校）には及びませんが生徒数（約9万人）では大きく上回っています。２０００年以降は私立通信制高校の増加が目覚ましく、１７２校に約12万人（通信制在籍者の67％）の生徒が在籍しています。

高校進学率が95％を超えた１９９０年には通信制への進学率は0・7％でしたが、２０１７年には2・4％にまで増加していることから、最近の高校進学率の上昇は主に通信制への進学者の増加によるものであることがわかります。さらに興味深いのは、中学を卒業して通信制に進学するのはおよそ2万人であるのに対して、卒業するときには5万人に増えていることです。この数字が通信制高校の現在の役割を如実に語っており、全日制・定時制からの転入者を受け入れることでまさに高校教育のセーフティネットの機能を果たしているといえます。

最近では以前よりも知名度は高くなってきたものの、通信制がどんなところかを正確に知っている人は多くはないことかと思います。基本的には、全日制・定時制のように授業を受ける代わりに、添削指導（レポート）と面接指導（スクーリング）によって自学自習するスタイルが特徴ですが、現在では生徒のニーズに応じて実に多彩なコースが用意されるようになったので、一口で通信制を説明することは至難の業になっています。現在も主として公立の通信制(その多くは全日制高校に併置されている）で続いているような毎週日曜日のスクーリングを基本とする基本型は、もはや「古典的」とでも言うべきものになり、全日制と同じように毎日通学する「通学型コース」や制服のある高校さえあります。生徒数が数千人から1万人を超えるほどの大規模な私立広域通信制高校ともなれば、まさに規模のメリットを最大限に活かしたきめ細かいニーズに応えるコースが用意され、同じ学校に在籍していてもまったく異なる高校生活を経験することができます。この10年ほどの間に通信制はすっかり変貌し、知らないうちにどんどん進化しているというのが実態です。

このような通信制の変化は、まさに全日制・定時制に通うことができない生徒のニーズに応えてきた結果であり、それによって従来の高校教育から排除された生徒たちを受け止めることができているのは理にかなったことだと思います。比較的融通の利かない古典的な公立通信制高校の場合は、卒業率はおおむね4割程度といわれていますが、私立の場合はほぼ１００％というところもあり、単に受け皿としてのセーフティネットだけでなく、高校卒業資格を得ることもできる、もうひとつの高校教育の地位を確立したといえます。ただし、その多様性や柔軟性と背中合わせの問題として「教育の質」が問われることもあります。２０１５年に報道された株式会社立通信制高校の不祥事*をきっかけに、あらためて通信教育の質の確保が求められたように、個々の高校の教育内容について常に関心を持ち続けていく必要もあるかと思います。

定時制・通信制以外の高校教育の可能性として高等学校卒業程度認定試験（高認試験）と高等専修学校（専修学校高等課程）があり、どちらも「文句なしの高卒」というわけではありませんが、高卒と「同等」に扱われ、大学・短大・専門学校の受験資格が得られ、就職でも高卒者と同等の基準が適用されるということになっています。ただし、あくまでも「同等」なので、特に就職においてはこれらの制度が社会全体に十分に普及して理解されなければ、本当の意味で「同等」には扱ってもらえない懸念は残ります。高等専修学校への進学者は約２５００人で定時制・通信制の10分の1程度ですが、年2回実施される高認試験には毎回1万人ほどが受験し、年に９０００人程度が合格して大学入学資格を取得しています。

このように、現在では不登校や中退のために高校教育からドロップアウトしたとしても、その受け皿が増えてきただけでなく、高卒資格を得るチャンスも広がってきているので、少なくとも中卒の学歴で生きていかずにすむ可能性は高くなってきました。ただし、それでも高校教育に対して最後の、そして手強い障壁が残されています。それは経済的な障壁です。現在では公立高校でも私立高校でも授業料には公的な援助があり（ただし、所得条件あり）、実質的な負担は軽くなっていますが、高校の場合は教科書代も負担しなければならず、たとえ授業料が免除されたとしても高校教育がタダで受けられるわけではありません。さらに、フルタイムで高校教育を受けるためには生活費が確保されなければなりません。17歳以下の子どもの13・9％（ひとり親世帯では50・8％）が「相対的貧困」の状態にある厳しい現実に対して（2016年国民生活基礎調査）、高校教育のセーフティネットは万全ではありません。経済的困窮のために高校を卒業できないことで、さらなる不利が重なり、生活はさらに厳しくなるという負のスパイラルを阻止するためにも、高校教育を完全に保障する必要があります。高校卒業への選択肢と可能性がどんなに拡がったとしても、それだけで高校教育が保障されるわけではないことを忘れてはなりません。

7 効率的な高校教育

通信制高校は全日制・定時制とは単位の認定方式が大きく異なりますが、卒業するために必要な単位数は74単位以上であることは同じで、卒業資格もまったく同等なれっきとした高校教育であることは間違いありません。ただし、同じ74単位を修得して卒業するにしても、単位の持つ意味には大きな違いがあります。それは全日制と通信制の違いというよりも、学年制と単

＊　2015年、三重県にあったウィッツ青山学園高等学校において、教員免許を持たない講師による授業やカリキュラムの不備によって、多数の在校生・卒業生の単位が無効になった。

位制の違いによるところが大きいと思われます。もともと修業年限が4年であった定時制・通信制が3年で卒業できるようになったのは、単位制が導入されたことによるものでした。単位制は1988年に定時制・通信制で始まり、1993年からは全日制でも設置可能になりました。現在では通信制は単位制が主流となり、全日制でも全国で600校を超えるまでに普及してきています。

全日制高校の主流である学年制では、各学年のカリキュラムに沿って学習し、その結果単位が認定されますが、学年ごとに進級判定があるので、いくつかの単位が取れないと進級できず留年(正式には原級留置)となり、もう一度同じ学年をやり直さなければなりません。1年下の集団に入ることへの抵抗感もあって、留年が退学や転学のきっかけになることが多いのはよく知られています。ただし、学年制をとっている高校でも、冷徹に1時間でも1点でも足りなければ単位を認めず、無情に留年させているのではなく、追試や補講などでできるかぎり進級できるような努力も行われてはいます。

それに対して、単位制にはそもそも学年という概念がなく、3年間をかけて74単位を修得していく方式なので、1年目に単位を落としても残りの期間で修得すればよく、それほど大きなプレッシャーにはならない利点があります。

卒業に必要な74単位ということに目が向けられると、高校教育が74単位に集約されるように思い込まれやすくなります。つまり、「高校に行くことは74単位取ること」と単純化される可能性が出てきます。単位制ではそれがより明確で、単位を意識した履修計画に沿って高校生活を送ることになりますが、それでも全日制や定時制の場合は単位を取るためには授業に出なければならないことは学年制と同じなので、留年の心配をしなくてもよいメリットはあっても基本的な学校生活が大きく変わるわけではありません（単位制の場合は、最終的に3年で単位が取れずに卒業できなかった場合を原級留置といいます）。それに対して、通信制の場合は、まさに選択した科目を登録して、必要最低限の添削指導（レポート）と面接指導（スクーリング）を受けて試験に合格して単位を取るシステムなので、やり方によってはかなり合理的な単位修得ができます。ちなみに、たとえば国語を1単位修得するためにはレポートを3回提出し、1単位時間（50分）の面接指導を1回受ければよいことになっています。一概に比較はできませんが、50分の授業を35回で1単位となる全日制・通信制と比べてシンプルな印象を受けます。

しかし、そもそも「こうすれば単位が取れる」という議論になると、高校教育とは単位さえ取ればいいという極論になってしまいます。単位制の通信制の広がりは、まさに高校教育の中身を凝縮し、あらゆる無駄を省いた高校教育の形を提案しているようにも見えます。それは高校教育の壁にぶつかって卒業が危ぶまれる状況に追い込まれた者には希望の光に見えます。私立広域通信制高校が提供している多彩なコースや活動は、無駄を省いたからこそ実現している側面もあります。無駄を削ってできた時間を有効に活用して、自分の夢にチャレンジすることもできます。実際に、野球やサッカーで全国大会に出るような通信制高校さえ出てきています。

あるいは難関大学への合格を果たす生徒もいます。明確な目的意識を持っている高校生には、この合理的な教育はとても助かることでしょう。

高校へ行くことは、結局のところ高卒の資格を得ることだとクールに割り切ってしまえば、要するに74単位を取ればよいということになり、その意味では単位制の通信制高校はもっとも効率的な高校教育ともいえます。本章の初めに述べたように、高校に行くのが当たり前の時代になって、いちいち何のために高校に行くのかという目的意識が希薄になった現在では、最低限の学習のみで手っ取り早く高卒資格を獲得することは合理的なことかもしれません。それはセーフティネットとしての通信制に流れてくる生徒だけに当てはまることではなく、その対極にあるエリート進学校と言われる高校にも同じように当てはまります。難関大学への合格者数で実績が評価される進学校は、中高一貫の6年間を通して徹底的に大学受験に特化した学習が行われます。そこには明確な目標や目的意識があることは確かですが、高校教育イコール受験勉強ということになってしまえば、塾や予備校にかぎりなく近づき、高校教育の独自性や固有の意義が見えなくなってしまいます。

8 高卒という「資格」

現在の社会では、高卒は社会へのエントリーの最低限の「資格」と認識されています。高校が続けられるかどうかの瀬戸際に立たされた生徒や親たちはみんな「なんとか高卒の資格だけは取りたい／取らせたい」と言います。つまり、高卒というのは単なる学歴というだけでなく、生きていくために必要な「資格」と多くの人たちが思っています。たしかに求人広告には「高卒以上」という条件が付いていることが多いので、運転免許証と同じような資格として扱われているような印象を受けます。しかし、高卒が資格であるとすれば、それはどんなことができる資格なのでしょうか。運転免許証であれば、自動車学校で所定の課程を修了し、都道府県公安委員会の試験に合格することで、自動車を運転する資格が与えられます。高卒についても、学校教育法で規定された高校で所定の課程を修了したことで卒業が認められますが、運転免許のように具体的に何ができる資格なのかがわかりません。

高卒によって得られるもっともわかりやすい「資格」は大学に進学できることです。しかし、それは正確には大学受験資格であって、入学する権利が与えられるわけではありません。大学に進学するためには、あらためて志望する大学の入試を受けて合格しなければならないので、高卒はあくまでも入学願書を受け付けてもらう最低条件という位置づけになります。つまりは高校を卒業したことの証明にすぎないということになります。

はたして高校教育を修了した人は何を獲得し、何ができるのでしょうか。高卒の人は高卒でない人とは何か違うものがなければ資格とはいえないのではないでしょうか。理屈の上では高校教育は中学校までの教育を受けたことを前提に行われるので、中卒の人より学力が高いことになりますが、実際には学力レベルで高卒を定義することには無理があります。高卒であっても高校で履修した教科の内容をいつまでも覚えているとはかぎりません。国語や数学（算数）のレベルもさまざまで、小学校レベルの学力も十分ではない人もいます。中学校から通算6年間英語を学習しても、英語をほとんど話せない人はたくさんいます。

つまり、高卒だからこれだけのことを知っている、できるというものは現実的には存在しません。少なくとも高校教育の中核と思われている「学力」という点では明確なメリットはありませんし、日本の社会ではそれは暗黙の了解です。そうなると、高卒というのは「3年間ちゃんと高校に行きました」ということの証明にすぎないということになってしまいます。高校時代は何かと問題の多い思春期の真っただ中なので、怠けず、悪いことをせず、3年間を過ごしたことの証明は、たしかに社会に入る際の最低限の身元保証や素行調査の代わりとして役立つことでしょう。そうなるとなおさら高校教育を学力で規定することにはあまり意味がなくなってしまいます。

要するに、私たちが何気なく使っている「高卒資格」というものは、わかったようでわからないものですが、それでも最低限いえることは一定以上の学力で定義できるものではないということです。私たちは目に見えるもの、特に数字で表される「実績」にとらわれがちですが、高校に行く価値や卒業することで得られる達成は、本来的に目に見えにくいものではないでしょうか。今では中学生ですら「どうして高校に行くの？」と尋ねると「だって高校を出なければ仕事がないじゃん」という時代ですが、高校は高卒資格を取るためだけのものなのでしょうか。

高校に行くのが当たり前になることで、私たちはいつの間にか高校教育の目的を見失っているように思えて仕方ありません。そんなことといちいち考えることでもないかもしれませんが、もはや時代遅れになった伝統的な高校教育のイメージに基づく「常識」が根強くはびこる社会の中で、本当の高校教育の意味を見つけていかなければ、高校中退者だけでなく、いわゆる「底辺校」の出身者がこれからも不当な差別を受けることになりかねません。社会が高卒という結果にばかり目をやる風潮にあって、今こそ高校教育の中身を真剣に考えていく必要があります。

9 制度としての高校教育

高校教育に対する常識と実態とのズレは、教育イコール学校という考え方と関連します。世間の高校教育の常識は、より正確にいえば、高校教育制度の常識です。いうまでもなく学校は教育のための施設ですが、教育の場は学校だけではありません。学校以前に家庭での教育があり、学校を出た後にも教育を受ける機会はいくらもあります。学校教育がその他の教育と根本的に違うのは、学校教育法、学校教育法施行規則、そして学習指導要領を基本とする法令に基づいた制度的な教育であるということです。同じ内容のことを学ぶにしても、学校教育で学んだことは学歴として認められますが、学校教育以外の学びはあくまでも私的なもので、正式な学歴にはなりません。学校教育は正式な教育として認められる一方で、制度として細かい規定があるので、時として教育現場の実情とはズレが生じることもあります。いま高校教育が直面している矛盾も全入時代の高校生のニーズと制度としての高校教育のズレによるものとして理解できる部分が大きいと思います。

高校教育という制度を突き詰めていけば、たしかに「3年間で74単位」というところまで凝縮されて形骸化しかねないところがありますが、制度として正式な教育であるということで、高校を卒業することはその人に一定の能力があることを証明する「資格」として社会で通用する現実的な利点もあります。制度として割り切れば高卒の資格だけ取れればいいという超現実的な教育になり、たしかにそういう側面があることも否めません。もちろん高校教育はそれだけのものではありませんが、少なくとも社会においては制度的な側面が強調され、必然的にそれが一般の人たちの常識になります。

形式的な制度として高校教育を見たとしても、高校教育の価値が否定されるわけではありませんが、制度だけでは人は育たないこともしっかりと認識しておかなければなりません。高校さえ卒業すれば一人で生きていけるわけではありません。高卒資格がなければ社会がまともに受け入れてくれないとすれば、さしずめ高卒は子どもたちが社会に出るための切符であり、高校教育はその切符を手に入れるための制度ということになります。たしかに社会的にはそうかもしれませんが、個人の育ちという視点からは、制度に乗っていけば大人になれるというほど単純なものではありません。ましてや高校で74単位の教科科目を履修すれば大人になれるというわけでもありません。大人として生きていく直前の発達段階に位置する高校生には単位では表せないようなもっと大切な学びがあるはずで、それを高校教育は提供することができるでしょうし、できるものでなければなりません。

ともすれば社会的な視点からだけで高校教育がどんどん合理化、効率化されていく風潮の中で、高校教育を受ける側の高校生の育ちという視点からはもっと違う役割や意義が見えてくる可能性があり、そこに何のために高校に行くのかという疑問に答える手がかりが見つかるかもしれません。高校の意義を説明するボキャブラリーを見つけ出せないまま、目に見えるわかりやすい（つまり数値化できる）学力や大学受験の実績、さらには単位というもので、わかったような気になって進んでいっても何も見えてくる気配はありません。いまこそ高校教育の真の意義をきちんと見極めなければ、高校教育はとんでもない方向に向かっていってしまい、その最大の被害者はほかでもないこれから高校教育を受けようとしている子どもたちです。

次章では、子どもの育ちの視点から高校教育を再考し、子どもたちが大人になるために役立つ高校教育の可能性を探っていきます。

第2章

思春期の育ちの場としての高校

1　子どもの発達と学校教育

子どもの発達と学校教育はお互いに密接に関連して、それぞれの発達段階に応じた教育を提供できるように制度化されています。学校教育法が規定する学校には、幼稚園、小学校、中学校、義務教育学校、高等学校、中等教育学校、特別支援学校、大学及び高等専門学校が含まれますが、それぞれの学校には就学する年齢が決められていて、順番に次の学校に進むようになっています。また、幼稚園では「幼児」、小学校では「児童」、中学校と高校では「生徒」、大学や高等専門学校では「学生」と、ブリやボラなどの出世魚のように、子どもの呼び名は成長とともに変わっていきます。小学校への入学は子育ての大きな節目であり、一年ごとに学年が上がり、中学校、高校へと進んでいくことで、子どもの成長が実感されます。あたかも子どもは学校教育の階段を一段一段昇っていくことで成長していると思わせるほど、私たちの子育ての中に学校教育は浸透しているように見えます。しかし、学校や学年は学校教育制度の概念なので、それらはやはり社会的な視点から見た子どもの姿を表すものといえます。

社会的な制度から離れて、個々の子どもの育ちという視点からは、成長・発達のもっとも基本的な基準は年齢ということになります。こちらも毎年1歳ずつ上がっていくことで成長を実感でき、年齢からおおよその発達レベルをイメージすることができます。子どもが生ま

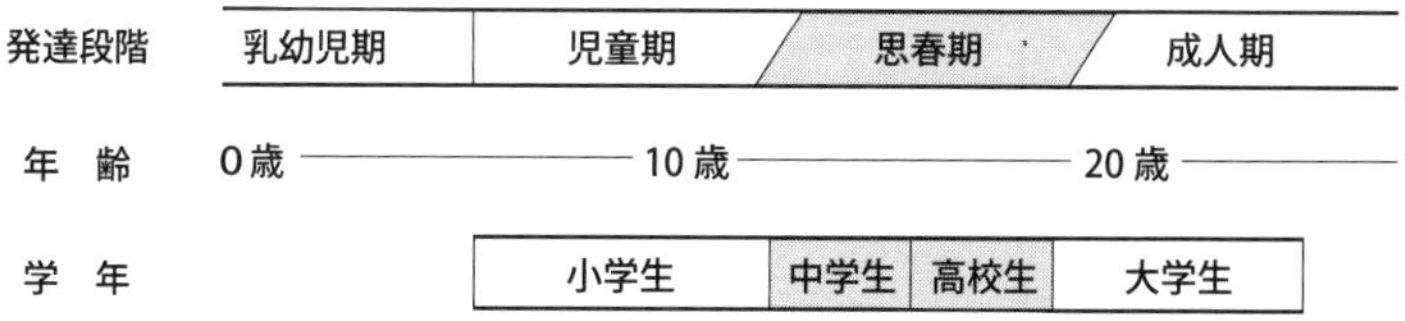

図1 年齢と発達段階・学年の関係

れてから大人に成長していくまでの過程は、乳幼児期―児童期―思春期―成人期といった発達段階に分けられ、それぞれの発達段階の課題を達成しながら成長していきます。たとえば、1歳を過ぎたころに歩き出して言葉を話すようになり、6歳ころには基本的な身の回りのことが自分でできるようになります。この時期がまさに義務教育の就学年齢で、親の手を借りずに自力で学校に通うようになります。

しかし、学校教育が子どもの生活にすっかり浸透して定着している私たちの社会では、子どもの発達段階は学校制度と一体化し、「1年生になったから一人でできるよね」とか「中学生にしては幼いね」というように、学校や学年を使って表現するのが一般的です。児童期や思春期のような用語は少し堅苦しい専門的なイメージがあって、ふつうの会話にはなじみにくいのかもしれません。また、子どもの年齢を話題にするときも、実際の年齢よりも学年のほうがよく使われる傾向があります。同年齢でも学年が違うと「同い年」ではなく、「同学年」であることが「同い年」として扱われます。

都合のいいことに、子どもの発達段階と学校制度とは比較的うまく対応しています（**図1**）。小学生は児童期、中学生と高校生は思春期、大学生は成人期にそれぞれ相当します。ただし、学校や学年は年齢によって明確に区分されますが、発達段階には個人差があり、一概に線引きすることはできないので、図では思春期との境界は斜線にすることで少し幅があることを表現しています。思春期については性別による差もありますが、おおむね10～12歳に始まり16～18歳くらいで終わるのが一般的なので、中高生は思春期に相当するといっても特に差支えはありません。ただし、最近では高校から先の学校教育が一般的になってきたことで、思春期の終わりは少しわかりにくくなってきています。

なお、思春期と似た用語に青年期があって紛らわしいかもしれませんが、どちらも同じ時期のことを表しているので、本書では思春期に統一することとします。

2 高校で思春期を過ごす時代

子どもの発達過程の中でも思春期は何かと難しい時期で、子育てにおいても苦労や心配事が増えて親を悩ませます。この難しい思春期の子どもたちを扱う中学校と高校も同様に日常的にさまざまな問題に直面しながら、教育を行っていかなければなりません。

思春期は基本的には身体的な変化として定義されるもので、身長が急速に伸びて、男性ホルモンや女性ホルモンの活動が活発化して性別に応じた体型に成熟（第二次性徴といいます）する時期のことをいいます。このような身体的な変化に合わせて心理的にも大きな変化が見られ、それまでの親に依存的な態度から、自分の意志で行動しようとする自律的な態度がはっきりとし始めます。その中で自分は何者なのかを模索し、それまでの自己を否定したり、親や社会に反発したりすることがあり、ときには激しい攻撃性や社会のルールからの逸脱が非行につながることもあります。学校に対して反発したり否定的になることで、学校生活への適応が不安定になって成績不振や不登校になることもあります。思春期は親子関係の危機であると同時に、学校教育の危機でもあり、リスクの高い発達段階といえます。

思春期はいつの時代も難しい年頃であったに違いありませんが、学校教育が広く普及し、さらには教育期間が長くなったことで、思春期の問題は学校教育と深く関連するようになってきました。日本で義務教育が始まった１８８６年には尋常小学校への4年間の就学が義務制でしたが、１９０７年に2年間延長されて6年間になったものの、この時点では思春期が始まるころには学校教育が終わっていたことになります。その後、中等学校や女学校などができていきますが、当時は中等教育に進学するのは2割程度だったので、多くの子どもたちは思春期までに学校を終えて社会に出ていました。第二次世界大戦後、１９４７年に現在の中学校が始まったことで15歳までの学校教育が義務化され、この時点で思春期まで学校教育が延長され、さらに高校教育の普及により、思春期を通して学校教育を受けることが一般的になりました。高校教育が事実上の義務教育となった現在は、すべての子どもが思春期を学校で過ごす時代になったということができます。

学校で思春期を過ごすということは、子どもたちが大人や社会から分離された学校という場で、同じ年齢の子ども集団の中で思春期の育ちを経験するということを意味します。最近ではセキュリティーが強化されて、学校はますます地域社会から隔絶された空間になっています。すでに高校教育が当たり前になった世代には、15歳から18歳を高校で過ごすことは当たり前で何の疑問も持たないこととは思いますが、少し大袈裟な言い方になるかもしれませんが、これは人類の長い歴史の中で前例のないことで、まさに前代未聞の現象なのです。子どもたちが大人とは別の場で思春期を過ごすようになったのは、近代学校制度によるもので、必ずしも自然な育ちというわけではなく、制度的、つまり人工的に作られた育ちのスタイルといえます。本来学校は家庭のような子育ての場ではありませんが、子どもが大人へと成長していく標準的な経路となった現在では、学校が思春期の育ちと無関係でいるわけにはいかないばかりか、むしろ積極的にニーズに応える責務があるといってもいいかもしれません。

人が生まれてから死ぬまでのライフサイクルという視点からは、思春期は子どもから大人への過渡期に相当し、思春期の発達課題は最終的には大人への移行、つまり大人になることです。しかし、18歳になれば身体的には大人と同じような体格になりますが、社会的には自立した大人と誰からも認められるところまではいきません。法律的には20歳で成人といっても、実際には20歳の若者の約8割はまだ大学や専門学校の学生をしていて、本格的に社会に出ているわけではありません。学校教育期間の延長にともなって大人への移行も長期化している現状では、高校生はとにかく大人に向かって歩き出すのがせいぜいというところでしょう。とはいえ、思春期の課題をいたずらに先送りするのではなく、高校教育の中で大人への移行の足がかりを作ることは非常に大切です。そのため、高校教育自体も大人への移行を重要な課題にする必要があります。

しかし、大人への移行は個人としての課題だけでなく、自分が生きていく地域の文化や伝統の中で大人の世界に入っていく社会的なプロセスです。ですから、それは大人との接点なしに達成できるものではなく、ましてや学校の教室の中で座学で習得できるはずはありません。思春期までに学校が終わっていた時代には、子どもは大人たちに混じって大人に移行するのがふつうでした。丁稚奉公や徒弟制度は大人たちの中で仕事を覚えて一人前になるのを目指す伝統的な制度でしたが、今では職人技さえ学校で教えるようになり、大人への移行のプロセスは大人の世界とは分離された学校が独占する傾向がますます強まっています。その意味で、高校教育は大人への移行の場としての重要性がこれまでになく高くなっているといえます。

すべての子どもが思春期を過ごす高校は、思春期の発達課題を引き受けざるを得ません。「それは教師の仕事ではない」といってしまえば、高校教育は成り立ちません。それが全入時代の高校教育の現実です。かつては寿司職人になりたいから高校には行かず15歳から寿司屋で修業を始めることもありましたが、今では同じ寿司職人になるにも、まずは高校に行って、それから専門学校に行って、やっと寿司屋に入れてもらうのがふつうで、どんな道に進むにしても必ず高校を通らなければなりません。そのことの是非は別にしても、子どもたちにとって高校を迂回する道がないという現実は、高校側にとってはすべての子どもを受け入れて育てなければならない使命があるということになります。もはや学びたい者だけが来るという建前で高校教育は成り立ちません。教科だけを教えればいいという時代ではなく、生徒のニーズをしっかりと把握して、汗をかくことが求められているのです。それは決して「付加的なサービス」ではなく、高校教育の中核とさえいえるものです。

3　学校での大人への移行の限界

高校教育、さらには大学や大学院といった高等教育の価値は十分にあったとしても、学校教育には大人への移行という思春期の発達課題に対しては限界があることも忘れてはなりません。学校教育と徒弟制度の最大の違いは、思春期の育ちの場における大人と子どもの比率です。一般的な全日制高校では、1クラス40人ほどの生徒を1人の教師が教える一斉授業が標準的なスタイルで、学校は生徒の人数に対して大人の存在が非常に薄い環境であるといえます。親方が弟子を教える徒弟制度では、これほどの弟子集団ができることはありません。

子どもにかぎったことではありませんが、同年齢で対等な関係の多人数の集団はきわめて不安定なので、大人の世界にはほとんど存在しません。その意味で、学校の世界は異例中の異例です。集団が安定して機能的であるためには、組織的な構造が必要で、職場であれば上司と部下、先輩と後輩などのタテ関係でコントロールされていて、そこには支配する側と従う側という力関係があり、決してみんなが平等な関係にはなっていません。不平等な人間関係には不満やストレスが生まれる可能性がありますが、何の力関係もない完全に平等な集団にはもっと手に負えない難しさがあります。思春期前の小学生であれば、担任の指導力という力で学級集団をコントロールできますが、その力が機能しなければ容易に学級崩壊することはすでによく知られています。思春期になると仲間関係の緊張が高まるので、ちょっとしたことで集団の均衡が崩れ、それが激しい攻撃や極端な排除、つまりいじめとなり、教室に居続けることが耐え難い苦痛になることがしばしば生じます。

制度的には高校に行くのはきわめて自然なことですが、発達的にはきわめて不自然な部分があることも認識しておく必要があります。そうでなければ、高校はどんなに努力しても解決できない難題に疲弊し、生徒は勉学以前に人間関係の闇に迷い込んで大人への道を見失って将来への希望を失うことになりかねません。思春期の発達的視点からは、現在の高校はきわめて厳しい条件での教育活動を強いられているわけです。それはたとえば、ものすごく地盤の悪い土地に高層ビルを建てようとしているようなことです。外見的に立派なビルを建てようとしても、しっかりとした基礎工事をしなければ、たとえビルが完成したとしてもやがて傾き、倒れてしまうかもしれません。何が大切なのかはいうまでもありません。

何が何でも高校に行けばいいというものでもありません。大人に向けて成長していくために役立つものでなければなりません。高校は義務教育ではなく、入試によって適格者だけが選ばれて入学するという建前を鵜呑みにして、高校生には学ぶ基盤があると思い込んで教育ができるものではありません。それは全入時代の高校生の質が悪くなったためではなく、教師の能力のせいでもなく、思春期の発達的ニーズに学校教育という制度がうまく適合していないところに主な原因があるのです。この根本的な学校の限界をしっかりと把握しておかなければ、高校教育は子どもの育ちに対して害になることはあっても役立つことはないでしょう。

4 思春期の課題

思春期の最大の課題は、発達心理学の世界ではアイデンティティの確立、つまり、自分は何者なのか、何のために生きているのか、将来はどんな人間になりたいのかを明確にすることだといわれてきましたが、それは当たり前に達成できるほど簡単なことではありません。ましてや、産業構造が大きく変わって職業や経済的自立の道筋がきわめて多様になった現在では、高校生がどんな大人になるかをイメージすることも、どうやって自分の夢を実現したらいいかもわかりにくくなってきています。しかし、高校は立ち止まって考える時間を与えてくれません。

ボーっとしていれば単位を落として留年してしまうかもしれず、いつまでも志望校が決まらなければ大学受験の準備が進まずに厳しい状況に追い込まれます。

アイデンティティの葛藤に直面して悩み苦しんでいる若者には、乳幼児期から児童期、思春期へと一段ずつステップを進めてきたところで、次の成人期への道が途絶えているようにさえ見えます。この不安定で先の見えない道を進む思春期は「第二の誕生」といわれるほどに危険に満ちあふれた時期で、母親の胎内から外の世界に出る「第一の誕生」と同じようにまさに命がけの大仕事です。実際に、思春期には自殺のリスクが高まるだけでなく、薬物乱用や反社会的行動で社会的な破たんを招くこともあります。外見的には特に変わった様子がなくても、内面的には心が大きく揺らいで不安定になっていることがあります。かといって、逆に何の問題もないとすれば、それ自体重大な問題ともいえます。この時期に何の問題もないことは断じてあり得ません。

この不安定な過渡期には、安定した安全な枠組みがとても重要になります。それは骨折したときのギプスのようなもので、しっかりと安定するまでの期間、危険から守る役目を果たしてくれます。すでに指摘しているように、高校の学級構造は思春期の特性に配慮されたものではないので、そのままではギプスの役目を果たすことはできません。かつて高校が荒れて退学者が続出した時代は、まさに「勉強したい者だけが来るところ」という信念で、不安定な思春期に対してしっかりとケアすることがなかったことの結果かもしれません。不安定な思春期の生徒を担当する高校教育は、安定した安全な場をしっかりと確保して初めて学びの場となります。そのためには大人である教職員の役割は重要です。

このように、思春期の課題を受け止める高校教育にも大きな課題がありますが、そうはいっても現在の高校教育の構造を抜本的に変えることは現実的にはできそうもありません。教師の数を増やすことで、生徒との関わりを増やすことさえ、ほとんど期待できません。高校教育が思春期の課題に対応していくために、まずできそうなことはやはり高校教育に対する意識を変えることではないでしょうか。「高校は義務教育ではない」「学びたい者だけが来ればいい」という意識が世間に残っているかぎり、高校教育が思春期の課題を受け止めていくことはできません。すべての子どもたちが思春期を経験する場として高校教育の役割を再認識するだけでも、一人ひとりの生徒の高校での安定感や安全感はずっと高まることが期待できます。すべてを生徒の自己責任に帰するのではなく、しっかりとした育ちの場を確保することは教師だけでなく、すべての大人たちの責任ではないでしょうか。

5 高校で顕在化する問題

思春期にはさまざまな問題が出てきて、それらは学校生活に関連するものも多く、学校はその対応に追われます。思春期の問題は内向的なものと外向的なものに大別されます。内向的な問題には、不安や抑うつのような情緒的な問題、不登校やひきこもり、無気力、学業不振などが含まれ、これらは心理的な問題として理解されることが多く、場合によっては精神科や心療内科を受診して治療を受けたりすることもあります。対照的に、外向的な問題は、反抗や規則違反、暴力や器物破損、喫煙、飲酒、薬物乱用、万引きや窃盗など、激しい行動として現れるものが中心になり、学校での指導対象になるだけにとどまらず、補導や逮捕といった警察が関与する可能性がある反社会的なものも含まれます。一般に、問題行動といえば外向的なもののことを連想する人が多いかと思います。

内向的な問題と外向的な問題では学校の対応はまったく異なる傾向があります。不登校に代表される内向的な問題に対しては、学校はわりに共感的で温かく見守る傾向があり、保健室で養護教諭が関わったり、相談室でスクールカウンセラーがサポートしたりするのが一般的になっています。そこには病気やけがの「手当て」と同じように「ケア」する気持ちがあります。一方、外向的な問題に対しては、学校は毅然とした態度で厳しく「指導」します。どの高校にも生徒指導部があり、教科指導、進路指導とともに高校教育の重要な要素に位置づけられています。かつて高校が荒れていた時代には「ゼロトレランス（不寛容）」という方針で、ちょっとした校則違反にも厳しく対処することで学校管理が強化されたことがあり、今でも生徒指導にはそんなイメージを連想する人は多いかもしれません。ちなみに、文部科学省の統計では、不登校も暴力行為も「児童生徒の問題行動等生徒指導上の諸問題」として調査され公表されているように、学校教育としてはどちらも「問題行動」であることには違いないようです。

ほとんどの子どもが思春期を学校で過ごすようになったために、思春期の問題の多くは学校生活の中で見られることになり、必然的にその対応は学校が中心にならざるを得ません。しかし、不登校にせよ暴力行為にせよ、それは必ずしも学校生活に起因しているとはかぎらず、家庭生活や親子関係に主な原因があるものもあり、学校だけで対応するのはとうてい不可能で、地域の関係機関との連携が不可欠になります。しかし、中学校と比べて高校の生徒の通学範囲は広く、関係する自治体も多くなり、警察や福祉機関もいくつもの管轄にまたがるので、連携するにも苦労が多くなります。また、高校生は児童福祉法の対象となる年齢ではありますが、義務教育を修了すれば親に扶養してもらえなかったとしても働いて自立できるという理屈で、義務教育ではない高校生への児童福祉の支援は非常に薄いのが実情です。

支援のための社会資源の乏しさに加えて、思春期の問題行動に関して高校はさらに大きな負担を背負わざるを得ない立場にあります。それは思春期の発達特性として、乳幼児期からの虐待やネグレクトなどの不適切な養育や、貧困、親との離別、施設での養育など、極度のストレス（いわゆるトラウマ）の体験や過酷な環境での生育に起因するリスクが累積してきた結果として、思春期になって問題が顕在化することがあるということです。つまり、小さいころの辛い体験や有害作用の影響がその時にははっきりと現れずに、ずいぶん時間が経ってから出てくるということが起きるわけです。たとえば、幼児期に親から虐待を受けていた子どもが、小学校低学年のころには目立った問題がなかったのに、思春期に入ってから家出や怠学、さらには窃盗や暴力で補導されることがあります。思春期になるとストレスが行動として現れてくる行動化が目立つようになることで、攻撃的な行動やリストカットなどの自傷行為が多くなります。

つまり、思春期に顕在化してくる問題行動というのは、その子どもの抱えている問題のごく一部が見えてきただけで、まさに氷山の一角にすぎません。水面下には生まれてから現在までに経験してきた苦難やストレス、学校だけでなく、家庭や親子関係、地域での困難が存在しています。ですから、表面に出てきた問題だけに対処しても、水面下の問題がそのまま放置されれば、すぐに次の問題が出てきてもおかしくありません。まさに何度指導してもいたちごっこということになります。

もっと早い段階からしっかり支援をしていればこんなことにならなかったのにと思いますが、大人たちにとって「厄介な」問題行動が少ない思春期まではノーマークになりがちです。専門機関ですらリスクを認知していても、子どもに具体的な問題が出てこないかぎり「見守り」をするだけで、積極的な介入をすることはなかなかできていません。いくら周囲が子どものことを心配しても、プライバシーの壁のために、親が支援を求めてこないかぎり簡単に手を出すこともできません。担任教師ですら家庭の状況を把握することは難しくなっているので、早期からの支援につながりにくいのが現状です。

しかし、そもそも論や専門機関を批判しているだけでは、目の前の困難に直面してドロップアウトしそうな生徒は救えません。具体的な問題が顕在化する思春期こそ、実質的な支援のスタートとしてしっかりと受け止める必要があります。たしかに問題は複雑で深刻であるかもしれませんが、大人として社会に出る前の最後のチャンスを見逃すわけにはいきません。まさに最後の砦としての高校教育の存在意義はますます大きくなってきているといえます。

6 移行支援としての高校教育

個人の発達の視点から高校教育をとらえ直すと、そもそも大変な発達段階を担当していることに加えて、全入時代になってほとんどすべての子どもたちが思春期を学校で過ごすことになったために、思春期の育ちの場としての役割と機能が求められることになります。それはもともと高校教育が想定していなかった事態であり、制度的に十分に対応できていないとしても不思議なことではありません。かといって今のままで良いわけでもありません。今求められているのは、高校教育がどうあるべきかということではなく、思春期の育ちの「主戦場」として高校教育は何ができるのかということです。そのためには「義務教育ではない」という常識を捨てて、現状をしっかりと見据えた上で大胆な発想の転換が求められます。

この発想の転換は、教える側（制度）ではなく、学ぶ側からの視点に立って高校教育を再構成することであり、それが「移行支援としての高校教育」という考え方です。思春期の最大の目標は大人に移行することであり、大人になる最後の段階である思春期は本格的な大人への移行が始まる時期で、大人へと向かう足がかりを作ることが思春期を引き受ける高校教育の重要な役割になります。もちろん、勉強して偏差値を上げることは、良い大学に進んで良い仕事に就くための足がかりになるかもしれませんが、もっと重要なのは大学に行く意思と動機をしっかりと作ることで、これこそが大人への移行の基盤であり、これが不確かであれば大学はただの学歴というだけになります。また、高校に入るまでの育ちの中で大きな困難や不利を抱えてすでに大きなハンディを背負った生徒には、ケアと支援によって少しでも不利を緩和して大人へのスタートラインに立てるようにする最後のチャンスでもあります。すべての子どもたちにとっての思春期の育ちの場となった高校は、まさに大人への移行支援の絶好のチャンスであり、それまでの育ちやこれからの進路にかかわらず、大人になるための基礎をしっかり固め、本格的な大人への移行に向けた準備をする機能は、制度的にも発達的にもきわめて合理的であり、全入時代の高校教育の意義として期待されるものではないでしょうか。

「移行支援としての高校教育」といっても決して目新しいものではなく、もともと高校教育の要素として存在しています。ただ、昨今の大学受験にせよ、ただ高卒資格を獲得するだけにせよ、高校教育が無駄を削ぎ落して効率化していく中で見逃されて忘れられようとしているものに、あらためて光を当てようとしているだけのことです。効率的な高校教育では無駄と思われている要素にこそ、思春期の育ちのための教育があるのです。つまり、「移行支援としての

「高校教育」とは、常識的な高校教育の中核的要素と辺縁的要素を主客転倒させたようなイメージで、いつの時代の高校教育にも備わっているものなので、完全に高校教育を再構築するほどの根本的な発想の転換ではありません。

高校教育の中核的要素は教科の履修であることはいうまでもなく、とりわけ国語、数学、外国語、理科、地理、歴史など、大学受験に必要な教科を中心とする学習は高校生の本分と信じられています。一般的に学力といえば、これらの教科の成績のことを指し、高校教育の成果として評価されます。それに対して、大学受験にはあまり関係のない保健体育、芸術、家庭などの教科や総合的な学習の時間、特別活動といわれるホームルーム活動、生徒会活動、学校行事などは辺縁的要素で、つまりは「おまけ」のような存在と思われる傾向があります。そうはいっても、これらの教科や活動は学習指導要領に明示されている「正規」の教育内容であり、どうでもいいものではありません。

かつて地域の伝統校は自由な校風の下で勉強だけでなく部活や生徒会活動、さらに1960年代には政治活動さえも活発でしたが、現在では難関大学の合格者数で評価される競争にさらされて辺縁的要素はぎりぎりまで削られ、中核的要素だけが際立つような教育になり、それが世間ではあたかも「正しい」高校教育であるかのように思われています。その一方で、入試難易度で中位から下位の高校では辺縁的要素のウエイトは高く、生徒の学力に応じて多様な授業や活動を取り入れることで、生徒のニーズに応える努力と工夫が行われています。さらにもっとも困難の強い生徒たちが集まる、いわゆる「底辺校」ではとにかくドロップアウトしないように登校を促し、個々の生徒の学びが続けられるように、まさに使えるものは何でも使う勢いで、生徒と向き合う教育が行われています。なかには常識的には高校教育とはいえないと思われるものもあるかもしれませんが、それこそが「移行支援としての高校教育」の中核的要素といえるものです。その実践は、多様性を認めることで誰も排除しない教育と、学びの結果よりもプロセスに価値観を置く教育に集約されます。

7 誰も排除しない高校教育

思春期は一人ひとりの特性がはっきりしてくることで、個性あるいはパーソナリティが出来上がる時期でもあります。その結果、高校では集団の多様性が大きくなり、学力を含めた能力にも差が生じますが、単一の価値基準（たとえば学力）だけで評価すれば、優秀な（頭の良い）生徒と落ちこぼれ（頭の悪い）という見方につながり、大学進学や就職の機会に差が生じ、格差の要因になる危険があります。高校教育が思春期の多様性に対してどのような向き合い方をするかによって、大人への移行は大きく左右される可能性があり、一人ひとりの個性とニーズに十分配慮することがとても重要になります。

学校教育制度では教育の機会の均等が非常に重視され、誰もが同じ教育を受けることができるのが大前提ですが、教育を受けた結果として誰もが同じ人間になるわけではありません。本来であれば機会だけではなく結果の均等も必要であるかもしれませんが、もし本当に結果が同じになったとすれば、学校教育は均質な人間を生産する装置になってしまうので、それはそれでとても恐ろしい感じがします。実際に、軍国主義下の学校教育は「愛国心にあふれた国民」「忠実な兵士」を生産した暗い歴史があります。

同じ教育を受けても結果としての学力によって格差が生じることは好ましくありませんが、それは教育が画一的な価値観に固着していることの弊害で、教育の成果をもっと多様な価値観で評価すれば、偏った価値観に起因する不利は解消できるはずです。一人ひとりの個性が華々しく開花する思春期の学校教育では、多様性が否定されれば能力や機会の格差を拡大し固定化させる「危険な」制度になりかねないことに十分注意しなければなりません。残念ながら、現実は、学校教育に成果主義が持ち込まれたことで、教育の結果が具体的でわかりやすい数値化できる学力に集約され、ますます価値観が画一化する傾向が強まっているようにさえ感じられます。それは思春期の発達が求めるものとは逆で、きわめて不自然であるだけでなく、思春期の育ちの観点からは有害ですらあります。

多様性が拡大する思春期の教育は成長に合わせて選択肢が広がる拡散型でなければなりません。児童期を担当する小学校は生きていくための基礎的な学びが中心になり、いわば人生の必修科目を学ぶようなもので、苦手だからといって諦めるのではなく努力させることも必要です

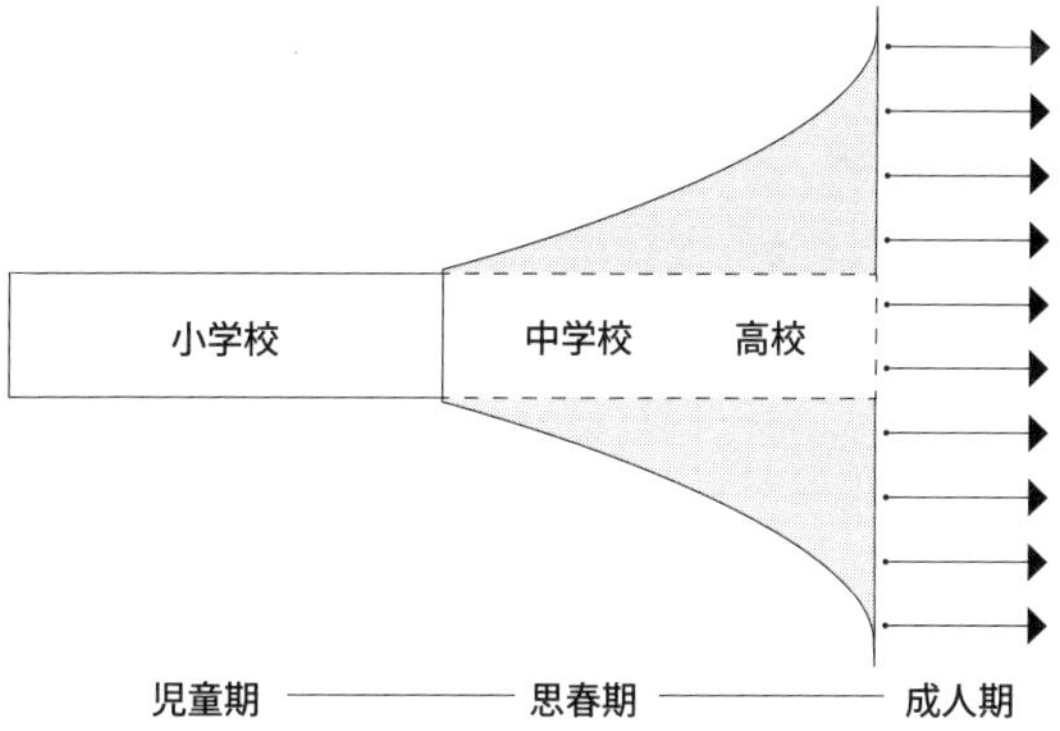

図２　思春期に多様化する教育の選択肢

が、思春期に入って能力や志向の差がはっきりしてくると、それに応じて学びの幅を広げることで、一人ひとりの特性を伸ばす教育が可能になり、その結果さまざまな能力のある人材が育って社会を構成していくのが、自然な成長の流れではないでしょうか（**図2**）。教育が特定の能力の人間だけを画一的に育てるだけであれば、社会は成立しません。社会が発展するためにも、思春期からの多様性に対応した教育はとても大切ですし、特に大人への移行を控えた高校教育では重要です。もちろん許容範囲（限度）はありますが、それは大人たちが常識的に考えているものよりもずっと広いものです。

さらに、多様性を容認しない強直的な学校教育では、学力や行動の基準からの「逸脱」（**図2**の網掛けした部分）は「異常」ということになり、さらにそれは「障害」というラベルを付けられて、通常の教育から排除される危険さえあります。最近では、校則違反や低学力といった「逸脱」に加えて、学校での対人関係や行動パターンの特性が「逸脱」と見られることも多くなり、高校でも「発達障害」への関心が高まってきています。障害を正しく理解して対応することは大切ですが、ちょっと他の生徒と違う、変わっている、話が通じにくい、ということだけで安易に「発達障害」と決めつけるような風潮は、「逸脱」による排除を助長する危険さえはらんでいます。多様性への無理解は「障害」を必要以上に生み出すことで、教育の機会を制約しかねません。

多様な生徒たちの育ちの場となる高校教育は、結果的に誰も排除しない教育につながります。初等教育が必須教科だとすれば、それについて行けない子どもへの配慮は重要です。基礎的な学習については、できるかぎり教育の結果の均等性を保障するために特別支援教育を必要とすることになります。しかし、そもそも個人の特性が多様化する高校教育では、得意、不得意、できることとできないことがあって当然になるので、なんでもかんでも一定水準の達成を求めるべきものではありません。高卒は学力では定義できないことはすでに説明しましたが、「低学力イコール特別支援教育」という図式は少なくとも高校では適切ではなく、学力以外の価値基準も踏まえて個別的な教育目標を設定することで高校教育が成立する可能性は十分にあります。移行支援としての高校教育は、必然的に生徒の個別的なニーズに応じた教育になるので、それはすべての生徒を対象とした特別支援教育だといってもいいのかもしれません。最近では高校への特別支援教育の導入が進められていますが、誰も排除しない移行支援としての高校教育は特別支援教育さえも包み込む究極のインクルージョン教育となる可能性を秘めています。

8 思春期の「学び」

事実上の全入時代の高校教育では学力がすべてではないとすれば、いったい何が求められるのでしょうか。制度としての学校教育は学習指導要領に示されているような明確な教育の目標がありますが、それは全入時代の高校教育ではすべての生徒が等しく達成することは不可能です。教える側からではなく学ぶ側の視点に立つ「移行支援としての高校教育」では、生徒自身の主体的な「学び」が重視されることになります。つまり、何をどこまで習得したかという結果よりも、何をどのように学ぶかというプロセスが重視されるものになります。

かつては「読み書き算」ができればなんとか大人として生きていけた時代もありましたが、仕事に就くために求められる能力は時代とともに変化し、とりわけ技術革新が急速な近年では、次々と新しい技術が登場してくることで、働くために求められる能力もどんどん変化していきます。もはや学校で習ったことは、卒業して就職したときには時代遅れになって役立たないということさえ起こりえます。資格を取れば、就職には有利であっても、資格だけで仕事ができるわけではありません。どんな専門職でも、大学で学ぶことは基本中の基本であり、資格だけで現場で即戦力として活躍できるわけでもありません。

つまり、学校で教えられることには限度があり、生きていくために必要なことをすべて学校で学べるものではありません。それどころか高校の授業で学んだことは、実際の生活には直接的に役立つものではなく、仕事をするために不可欠なものでもなければ、すべて忘れてしまったとしてもほとんど支障はありません。しかし、知識は決して無駄ではなく、ものごとの洞察を深めたり、コミュニケーションを豊かにしたりすることで、生活や仕事の質を高めてくれることが期待されます。その意味で、学校での「学び」とは教養を身につける、あるいは高めるものといえます。学力として測定される能力は教養的な知識であり、学校では良い成績がもらえるかもしれませんが、それ自体にはあまり実用性はないといってもいいでしょう。

大人になることが社会の一員になることだとすれば、そのための成長にはさまざまな人と関わることは不可欠で、決して一人だけで「独学」によって達成されるものではありません。幼児が親との交流の中で言葉を覚えていくように、人とのつながりは「学び」の究極的な要素であり、大人への移行のための「学び」では社会を構成する大人との関係がないところで達成されることはありません。現在の学校教育制度では、ともすれば子どもだけの集団での活動になりがちで大人との関係が薄いので、身体的にも精神的にも大人に近づく高校生はそれまで以上に大人との積極的な交流から、大人としての生き方を見つけ、それに向けて成長していく経験が重要になります。

自らの考えや意志がはっきりしてくる思春期では、誰から学ぶかということも重要な要素になってきます。自分が目標としたいと思う人物や信頼できる大人は、大人になるための「学び」には欠かせません。学びたいと思う人への憧れや尊敬は「学び」のモチベーション（動機）になり、信頼感は意欲につながります。その人から承認されることは自分の存在が認められることにつながり、大人として生きていくモチベーションにつながります。ここでもやはり安定した安全な場での教師との関係が、「学び」の基盤となります。

学校での教師との関わりは、教科を教える授業が基本となりますが、大人になるための「学び」では教科の内容を修得することよりも、授業での教師と生徒との相互作用のほうが重要になります。常識的には、教科の学習が授業の目的で、生徒とのやりとりはその目的を達成するための手段ということになりますが、大人になるための「学び」では目的と手段は逆の関係になり、教師との相互作用こそが目的となり、教科は教師と生徒をつなぐための手段という役割になります。わかりやすくいえば、教科は「学び」のきっかけで、授業や指導の場で教師との相互作用が生まれ、そこで「学び」が経験されることになるというわけです。つまり、授業によって何を獲得したかという結果よりも、教師との相互作用の経験、つまりプロセスにこそ本質があるというものです。

「移行支援としての高校教育」が教科の履修という高校教育の中核的要素とそれ以外の辺縁的要素が主客転倒した構造であるように、大人になるための「学び」のプロセスも、授業よりもそれ以外の活動、つまり効率的な高校教育では無駄な教育活動で豊富に経験することができます。さらには、総合的な学習やボランティア活動などで地域の大人との交流があれば、さらに「学び」が拡がる可能性があります。

もちろん、プロセスを重視することは結果としての学力を否定するものではありません。どちらが正しいというわけではなく、どちらも高校教育であることには違いはありません。ただ、常識的な高校教育は中核的要素にあまりにも特化したために、もう一方の要素をいつの間にか忘れ去ろうとしていますが、多様なニーズのある生徒たちが集まる高校では今でも重要な教育の要素として生き残り、貴重なノウハウが蓄積され続けています。それらをしっかりと活かしていくことが思春期の育ちに資する高校教育の実現につながるものと期待されます。目先の成果だけにとらわれない生涯を見据えた「移行支援としての高校教育」こそが、今日求められる高校教育の意義と役割といえるのではないでしょうか。

この後の第3章と第4章では、さまざまな困難を経験した生徒たちを受け入れてきた北星余市高校の教育実践を詳しく見ていくことで、移行支援としての高校教育についての理解を深めていきたいと思います。

第3章

北星余市高校の光景

１　開放的な学園

北星《ほくせい》学園《がくえん》余市《よいち》高等学校（以下、北星余市）がある余市町は、北海道の西部、積丹《しゃこたん》半島の付け根に位置する人口約2万人の町で、町の北側は日本海に面し、他の三方はゆるやかな丘陵地に囲まれ、リンゴやブドウなどの果樹園が広がっています。北星余市は、アメリカ人宣教師サラ・Ｃ・スミス女史の北星学園建学の精神を受け継いで１９６５年に開設されたキリスト教主義学校で、普通科（定員１４０名）のみの全日制高校です。札幌からＪＲ函館本線の快速で小樽まで約30分、そこからさらに普通列車に乗り継ぐか路線バスに乗り換えて30分ほどで余市に着きます。ＪＲ余市駅から学校までは約2キロあるので、札幌方面から通学する生徒たちは小樽からは路線バスを利用するほうが一般的です。

学校に着いてまず驚かされるのは、北星余市の正門には門柱はあるものの、門扉どころか周囲に塀すらない開放的な光景です（**写真1**）。いくらのどかで平和な町の高校とはいえ、いまどきの高校に門扉も塀もないのは意外で、とても気軽に学校に入れるのと同時に、「勝手に入ってもいいの」という戸惑いす

写真１　門扉のない正門

ら感じます。この「門構え」からも常識的な管理教育とは違う教育理念が感じられます。正門の50メートルほど先に生徒用の入り口とロビーがあり、その先には芝生の中庭が広がっています。ロビーから右側に進むと3階建ての教室棟につながり、中庭を取り囲むように新旧二つの体育館が配置されたロの字型の構造になっています。

１９９０年に現校舎が新築された当時は生徒数が６００名を超えていましたが、現在では３分の１以下にまで減少して空き教室が増え、一部は「あおぞら教室」として地域の人たちが英会話、クラフト、パン作りの講座などに利用するなど、さまざまな使い方が試みられています。大きな器に生徒数が少ないことから、校舎内はとても広々と感じますが、それは単に人口密度が低いということだけではなく、ふつうの高校

写真２　広々とした廊下

よりも１・５倍の幅のある広い廊下がもたらす開放感によるところも大きいと思われます（**写真２**）。ピカピカに磨き上げられた廊下にはゴミ一つ落ちておらず、落書きや掲示物の破損や乱れもなく、とても清潔感があります。現校舎ができたときからパートの清掃員を雇うようになり、現在も３名体制で校舎の清掃が行われています。トイレの個室の床にはかつて喫煙が蔓延していたときの「傷跡」が今でも残っていますが、とても築25年以上も経った校舎とは思えないほど、丁寧に使われてきた学舎という印象を受けます。

この開放的な学園の光景からは、かつて高校を中退した「ヤンキー」たちが集まり、教師たちが悪戦苦闘しながら指導してきたことは想像もつきません。

2 自由な学園

北星余市には必要最低限の規則しかないので、生徒たちはかなり自由な学園生活を送っています。現校舎ができた1990年に服装が自由化され、生徒たちは思い思いのスタイルで登校し、髪の毛の色や髪型は多様で、化粧やピアスもこの高校ではふつうの光景です。帽子を被って授業を受けている生徒もいます。一人ひとりの姿を見ているだけでも、この高校にはいかに多様な生徒たちが集まっているのかがわかります。服装規定は「服装、装身具、化粧については原則自由」としながらも、「上靴は本校指定のものを使用することとします」と書かれているのには違和感がありますが、これは上靴まで自由化すると外履きのままで入ってきてもわからなくなるため、校内の清潔を保持するために規制しているということです。とはいえ、生徒たちは上靴に色を付けたりして、それなりに個性を主張しています。

外見的なユニークさだけでなく、北星余市に来るまでの人生経験についても、実に多種多様な生徒たちが集まっています。ヤンキーとかギャルと呼ばれるような「やんちゃ系」、消極的でおとなしそうな「不登校系」、そして対人関係がぎくしゃくした「発達障害系」など、水と油のように異質なサブグループが同じクラス、同じ高校で共存しているのは比較的珍しい光景かもしれません。さらに、北星余市では転編入を受け入れていることもあって、生徒の年齢の幅もかなり広く、上は30歳代の生徒までいます。クラスにさまざまな年齢の生徒が混じっているのがふつうなので、学年だけで「先輩」「後輩」というわけにもいかず、結局みんな対等の関係ということになり、先輩に対しても敬語を使うことはありません。学年と年齢が対応しないことが多いので、学年を尋ねると「1年生です。現役です。」と、あえて「現役」と付け加える奇妙な答えが返ってきます。そして、「過年度生」は何年遅れているかを気にすることなく、ふつうにクラスに溶け込んで高校生活を送っています。

教室内の光景もとても自由な印象を受けます。スマホをいじる、ヘッドホンで音楽を聴く、スナック菓子やペットボトルの飲み物が机の上や窓枠に置かれていたりします。校則には持ち物に関する規定はないので、これらの物が指導の対象になることはありません。ただし、授業中に自由に飲み食いしたり音楽を聴くことが許されるわけではなく、必要に応じて教師は指導します。ほとんどの生徒は教科書や教材は教室の後ろにある個人の棚に入れっぱなしで毎日持ち運ぶことがないので、大きなカバンやリュックが通路をふさぐこともありません。

生徒たちの服装や行動を見ていると、まるで野放しでしたい放題にしているように見えますが、生活指導は他校よりも厳しく、それは校内だけでなく、寮下宿や校外での生活全般に及び、違反した場合には担任と生活指導部の教師たちがしっかりと指導します（一般的には生徒指導といいますが、北星余市では伝統的に生活指導といいます）。服装や持ち物のように明確な線引きが難しいことも多いので、生徒たちは突然指導部に呼び出されて戸惑うこともあります。

写真３　昼休みの出入り口で談笑する担任と生徒たち

生徒にとっては「どこに地雷が埋まっているかわからない」というほど、生活のあらゆる場面まで目が届く指導が北星余市の特徴です。

門扉や塀のない開放的な構造は、生徒たちが学校を抜け出す、いわゆる「中抜け」にはまったく無防備で、実際に中抜け対策は生活指導の最重要課題でもありますが、かといって校舎の出入り口を施錠して自由に出られなくして管理しているのではなく、休み時間も含めて生徒と教師の関わりが多いことで、結果的に中抜けを防止することにつながっていると思われます。ただし、40分間の昼休みについては、担任が交替で校舎の出入り口のところで「監視」をしていますが、そこは何人かの生徒たちが集まってきて担任と談笑する場にもなっていて、管理的な雰囲気はまったく感じられません（**写真３**）。

つまり、北星余市の自由な光景は、生徒たちが教師にしっかりと見守られていることを前提とした自由であり、校則で管理するのではなく、教師と生徒との直接的な関係によって実現している自由な学園といえます。

3 「先生」がいない

授業中でも休み時間でも、生徒たちの口から「先生」という言葉を聞くことはほとんどありません。といっても、生徒と教師との関わりがないわけではなく、むしろ他の高校と比べても圧倒的につながりは強いといえますが、北星余市では生徒たちは教師を「先生」とは呼ばない文化が脈々と伝わっています。それは生徒と教師の間だけでなく、私たちが生徒と話すときでも、彼らは先生という呼び方はしません。ただし、大人たちの世界、たとえば寮下宿の管理人は、ふつうに「○○先生」と言います。

生徒たちは教師のニックネームを使いますが、実際には「敬称抜き」の名前を使うことが多いようです。名字で呼ぶ場合は、ただ単に呼び捨てのように聞こえて最初はびっくりしますが、かといって名前で呼ぶのはあまりにもフランクで、やはり聞いていてどぎまぎします。まだ「やっさん」とか「ゴリぽん」のようなニックネームのほうが親しみが湧く感じがしますが、教師によっては名字の後に「ちゃん」を付けるパターンもあります。しかし、同じ教師に対しては同じ呼び名が使われる傾向があり、生徒によって違う呼び方をすることはありません。北星余市では校長ですら生徒からは「ヒラノ」と呼ばれます。

教師を「先生」と呼ぶのは常識ですが、「先生」という呼び方には役割や立場が先に出て、個人が隠れる傾向があります。「先生」を使わない北星余市の生徒たちは、生徒と教師という立場というよりも生身の人間としての関係が強く表れています。教師と話しているのではなく、自分のことをよく知っている一人の大人と向き合っているように見えます。そこには「教師はみんな……」とか「先生はいつも……」というような、教師というくくりで単純化して反発する構造がありません。あくまでも個々の教師との対立はあっても、それがすべての教師に全般化されないので、生徒たちは大人に対して壁を築くことが少なくなります。

生徒たちが大人との間に壁を作らないのは教師に対してだけでなく、私たち外部の大人に対しても同様の傾向があります。生徒たちは私たちの質問に素直に応じてくれます。もちろん、生徒にはいろんなタイプがあり、過度になれなれしかったり質問攻めに遭ったりすることもありますが、内気そうな生徒でも話しかければきちんと応じてくれます。立場や関係ではなく、目の前の人と向き合う姿勢を強く感じます。

4 サロン職員室

職員室は教職員の拠点ですが、北星余市の職員室は生徒にとっても重要な場所になっていて、その意味では北星余市の教育の中心ともいえます。校舎の2階に位置する職員室は非常に広く、学年ごとにまとまった机の島の間には十分すぎるほどのスペースがあり、明るく開放的な印象を受けます。これは生徒数の減少に伴って教師も減ったためにスペースに余裕ができたというわけではなく、全校生徒が600人を超えていたころと机の数自体は変わりません。つまり、最初から職員室に十分すぎるほどのスペースを確保していたということで、それほどまでに北星余市の教育実践では職員室を重視してきたことがうかがえます。

そうはいっても、現在では18人となった教師にとっては広すぎる職員室で、特に授業が行われている時間には人影はまばらになり、なおさら広々と感じられます（**写真4**）。しかし、この閑静な空間は、授業が終わって休み時間になるとガラッと一変し、授業を終えて戻ってくる教師に加えて大勢の生徒たちも職員室になだれ込み、あちこちで会話が始まって実ににぎやかになります。窓際のソファセットは生徒たちに占拠され、職員室のいたるところで生徒は教師と談笑したり、生徒同士でじゃれ合ったり、あるいはただ職員室の中をうろうろしたり、思い思いの過ごし方をしています。多いときには40～50人くらいの生徒が集まり、まさに立錐の余地もない様相になることもあります（**写真5**）。

担任に相談したり不満をぶつけたり、本来であれば教師と一対一で話すようなことでも、周囲に他の生徒もいる場で話し、ときには他の生徒たちが「俺もそう思う」「それは違う」と口を挟んで割り込んでくることもあります。あるいは、教師とはまったく関わらずに生徒同士で

写真４　授業中の職員室

写真５　休み時間の職員室

話しているだけのこともあります。生徒同士の話ならわざわざ職員室に来てすることもないと思いますが、ここでは職員室はそのくらい生徒にとっては居心地の良い場で、休み時間の憩いの場になっているように見えます。

職員室では同じクラスや学年に限定されることなく、誰とでも話せる自由があります。休み時間の職員室はまさにサロンという雰囲気になり、そこにはふつうの学校の職員室のような管理的な空気や緊張感はなく、生徒たちは教室よりもずっとリラックスして安心した様子を見せます。教師の方もまとわりつく生徒を排除することもなく、それどころかむしろ生徒たちとの会話を楽しんでいるようにさえ見えます。まさに生徒と教師がごちゃごちゃに入り混じった職員室は、北星余市のもっとも特徴的な光景といえます。

そして次の授業開始のチャイムが鳴ると、生徒たちはサーッと教室に戻り、人気が消えた職員室にまた静寂が戻ります。渡り廊下を挟んで教室とはほどよい距離があるので、職員室には教室の喧騒は聞こえてきません。しかし、このように職員室が生徒たちに開放されていることによって、登校から下校までのほとんどの時間を生徒は教師たちと触れ合い、教師も生徒の細かな様子を知るためのとても良い機会になっています。ただし、あくまでも職員室なので、試験前の1週間と試験期間中は生徒の出入りが禁止になります。そのあたりのけじめはしっかりとしています。

5 授業

北星余市は高校入試の偏差値ランクでは最低レベルのGランクに位置づけられ、学力的に他の高校には入学できないような生徒も受け入れているので、授業の内容もそのような生徒に配慮したものになっています。また、北星余市の生徒たちの約70％は不登校を経験しているので、中学校までの授業を十分に受ける機会がなかったことによる学力不足にも配慮が必要になります。そのため、北星余市のカリキュラムは基礎的な教科で構成され、時間的にも余裕のある構成になっています。たとえば、国語であれば、「国語総合」と「現代文A」だけで、古典はありません。「国語総合」は1年生と2年生でそれぞれ5単位が設定されていますが、この科目についての学習指導要領での標準単位数は4単位なので、一般的なカリキュラムと比べて2・5倍の時間をかけているということになります。英語や数学の授業についても同じような傾向があります。

単純に一言でいえば「授業のレベルが低い」ということになり、大学進学を希望している生徒の中には「こんな授業では大学に行けない」と内心焦っている者もいますが、だからといって授業そのものに不満を抱いているというわけでもありません。時間的な余裕を持たせている分は、詰め込みではなく学びを広げるように工夫されています。北星余市には偏差値の高い進学校に入ったものの登校できなくなって転学してきた生徒もいますが、そんな学力の高い生徒でも他の生徒と一緒の授業を受け、特別なメニューの学習をしているわけではありません。そんな生徒にとっては「わかりきったこと」をしている授業かもしれませんが、だからといって彼らは決して授業を否定したりサボったりすることはありません。

そもそも多様な生徒たちが思い思いの格好で授業を受けているので、教室の光景は一見雑然として、ときには学級崩壊のようにすら感じることもあります。教師が一生懸命板書しているときにスマホに夢中になっていたり、横向き、後ろ向きに座って雑談したり、まったく教師が生徒を管理できていないように見え、そんな教師の後姿を見ながらちょっと悲しくなることもあります。しかし、たいていの場合、授業はしっかりと成立していて、教師は生徒たちの行動をきちんと把握しています。教室は無法地帯になっているのではなく、完全に教師の管理下にあります。どんなに好き勝手な行動をとっている生徒であっても、授業中に勝手に教室を出ていくことはありません。そして、教師が板書を終えて生徒に向き合ったときには、スマホを片付けて課題に取り組みます（**写真6**）。

授業では基本的に教科書を使うことはなく、毎回教師が用意したプリントを使って授業が進められます。生徒たちはノートをとる必要はなく、プリントに書き込むことで、その日の学習が完結します。たしかに内容は比較的シンプルではありますが、この授業の中で生徒と教師の活発なやりとりが行われます。教師が説明する言葉の端々に、生徒たちが口を挟み、ときには

写真６　授業風景（地学基礎）

まったく勘違いしたようなことを言う生徒もいますが、教師はそれに一つひとつ応じることで、双方向的な授業が行われることになります。一方的に教えるプリント学習ではなく、プリントを利用した生徒と教師のコミュニケーションのように見えます。他の高校を経験したことのある生徒は、北星余市の授業について「他の高校よりもいい。内容を教えるというより、人と関わる目線が強い。関わり方に重点を置いている。」と話してくれました。

　授業はチャイムが鳴ってから教師が来ておもむろに始まりますが、終わりはシビアで、チャイムと同時に授業は終わらなければなりません。チャイムは教師にとってタイムアップの合図で、生徒は延長を許さず、教師がどんなに声を張り上げて最後に一言だけでも言おうとしても、生徒は席を立ち教室を出て行ってしまいます。教師にとって時間管理はまさに真剣勝負です。その反面、授業が少し早く終われば、生徒も教師もリラックスして残りの時間を楽しむことができますが、他の教室の授業の妨げにならないように教室から出ることは許されません。

6 総合講座

一般的な教科の授業に加えて、2年生と3年生には各2単位の総合講座（総合的な学習の時間）の授業があり、芸術、文化、芸能、歴史、スポーツなど、17講座のうちからひとつを選択して受講することができます。それぞれの講座には地域の人や専門家を講師として招いて、学外の人たちと交流しながら、自ら積極的に学ぶ体験ができます。そこに教師が参加することで、教師も一緒に学ぶ立場になり、いつもの授業とは違う教師と生徒の関係が生まれ、さらに距離を縮めることになります。

最近始まった総合講座のひとつに「ぶどうのお仕事」というものがあり、ワイン用のぶどうを苗から育て、最終的に収穫したぶどうでワインを醸造することを目指して、自身も余市町に来てワインぶどうの栽培を始めた専門家の指導を受けながら、実際に畑で苗の手入れをしています。ぶどうが収穫できるようになるまでには数年かかるので、ワインができるのはまだ先のことになりますが、地元の産業と関連する興味深い講座として注目されます。残念ながら高校生はテイスティングすることはできませんが（北星余市では20歳以上の生徒であっても飲酒は禁止されています）、卒業して成人後に余市に戻ってきて味わうことが今から楽しみなことでしょう。

7 学校行事

北星余市の学校生活は、日常的な授業だけでなく、年間を通じた多彩な学校行事に特色があり、一つひとつの行事の活動を通してクラスとしてのまとまりが生まれ、生徒同士、生徒と教師、そして学校全体の一体感や連帯感へとつながっていきます。学期や学年の区切りや定期試験とともに、行事は学校生活の重要な節目としての役割も果たしています。

まず、1年生は5月に伊達市大滝で1泊の研修会があり、ハイキングや集団ゲームを楽しみながら、どのような高校生活を過ごすのかを考え、クラスや学年の仲間との交流を深めます。ここでは教師だけでなく生徒会執行部が先輩として参加し、新入生の不安や心配を丁寧にケアすることで、前向きに高校生活を送っていけるように力づけてくれます。

6月には伝統的な強歩遠足が行われ、それぞれの体力に合わせて30キロ、50キロ、70キロのコースに挑みます。生徒たちにとっては楽しみよりも不安のほうが大きい行事ではありますが、仲間と一緒に歩き切ることで自信をつけ、3年生での70キロ完歩が目標になります。また、この行事にはＰＴＡの父母たちが途中の関門での飲み物やゴール後のうどんを用意をして、生徒たちの挑戦をサポートして盛り上げます。

7月には校内弁論大会が2日間にわたって開催され、初日は課題の部、2日目は自由の部で、各クラスからの弁士が全校生徒の前で弁論を披露します。特に、自由の部では、自らの不登校経験、非行や高校中退に関連する挫折体験、親との確執など、生々しい体験が語られ、そこからの立ち直りや将来に向けた力強い決意は、聞き手に大きな感動を与えます。弁論大会に挑戦することで、自分としっかりと向き合い、成長のきっかけにする生徒も多くいます。

1学期と2学期の終わりにはクラス対抗スポーツ大会があり、バレーボール、バドミントン、卓球などで、熱い対戦が繰り広げられます。各クラスとも優勝を目指して練習し、選手の起用や作戦をめぐって熱心な議論が続きます。単なるレクリエーションというより、かなり本気《ガチ》なイベントという感じで、勝った喜びだけでなく、負けた悔しさもかなり大きく、いずれにしてもクラスの結束を高めていく原動力になっていきます。

そして夏休み明けの9月に「北星祭」と呼ばれる学園祭が、ＯＢやＰＴＡ、地元の人たちも参加して盛大に開催されます。北星祭は生徒会執行部にとっても最大のイベントで、連日夜遅くまで準備をしながら当日を迎えます。各クラスも模擬店などのクラス企画、合唱コンクール、中庭ライブ、キャンプファイヤーなど、盛りだくさんの企画で盛り上がります（**写真7**）。他の行事や学校での活動にクールであまり気持ちを出さない生徒も、「北星祭は楽しい」と言い、

写真7　北星祭（中庭特設ステージ）

多くの卒業生もこの日に余市に戻ってきます。

2年生は11月に4泊5日で沖縄の戦争遺跡を訪ねる修学旅行に行きますが、ここでも修学旅行実行委員会が組織されて、生徒たちによって修学旅行のテーマが決められ、毎年独自の取り組みが行われます。実行委員会が中心になって生徒の自主性・主体性を重視することで、大きな一体感と達成感が得られる修学旅行になります。

そして、年度の最後の一大行事が卒業式です。卒業生も教師も保護者も、これほど涙にあふれる卒業式というのは、最近では珍しいかもしれません。それほど卒業を迎えたことに大きな感動があります。卒業生たちは思い思いの「礼装」で卒業を祝い、教師たちは熱い合唱で彼らを祝福します。北星余市の卒業式のもうひとつの重要な意義は、卒業生の姿が在校生の具体的な目標となることです。「次は自分」という思いが在校生のモチベーションにつながります。その意味で、卒業式は非常に重要な儀式です。

8 生徒会

年間を通じた学校行事が北星余市の高校生活にメリハリをつけ、一つひとつの行事の準備と参加によって生徒たちのつながりが深まり、クラスとしてのまとまりが生まれ、その結果、一人ひとりの生徒が学校の中に自分の居場所を見つけていく姿を見ることができます。学校行事が形式的な儀式ではなく、生きた活動として生徒たちが一生懸命に取り組み続けているのは、これらの行事を基本的に生徒たちの自主的な運営に委ねていることと、そこに多くの生徒が関わっているからこそです。このような生徒参加型の学校生活の中心が生徒会活動です。

生徒会は半年ごとに立会演説会と投票によって執行部が選ばれ、毎日放課後に生徒会室で議論をしながら、自分たちの任期中の活動を進めていきます。遅刻や中抜けのような生徒の問題についても、生徒会としての対策を検討して、それを各ホームルームと協力して実行していくなど、生徒による生徒のための自治活動を展開します。4月に新入生を迎える時には、慣れない環境で不安や戸惑いの強い生徒には生徒会執行部が声をかけながらサポートし、1年生研修や強歩遠足などの行事の中でもしっかりとフォローするなど、教師とは別な立場で生徒を指導したり守ったりする責任感を持っています。さらには行事のない時期にはゲームやスポーツなどのちょっとしたミニイベントも企画して、学校の雰囲気づくりをしたりもします。

生徒会執行部は任期中は献身的に働き、連日帰りは寮下宿の門限ギリギリ（午後9時）になることも当たり前です。次の行事の企画や準備に加えて、校内で起った問題への対処や新たな課題への対応をめぐっては延々と議論が続きます。生徒会顧問の教師もつきますが、基本的には生徒たちが決めるのが原則で、教師が口を挟むのは最小限になります。各期の生徒会はテーマを決めて取り組みますが、現在でも北星余市のスローガンになっている「仲間・友情・団結」は、開校4年目の1968年の生徒会のスローガンに由来したもので、今も生徒たちが自分たちの学校を築き上げていこうとする伝統がしっかりと残っています。

9 生活指導と謹慎処分

北星余市は、服装は原則自由で、持ち物についても特に規制されていないので、一般的な高校と比べてかなりの自由があり、実際に生徒たちは自由な学園生活を満喫しているように見えます。しかし、その一方で生活指導は厳しく、学校内での暴力や他者を傷つける行為、いじめはもちろん、他の生徒の居場所をなくすような言動は断じて許さず、徹底的に指導が行われます。それは学校内での行為だけでなく、寮下宿や校外で起こったものも同様に対処されることになります。また、指導の対象となる問題は、直接確認されたものだけでなく、他の生徒との話の中で発覚したものも決して見逃さず、指導部の教師が中心になってしっかりと事実確認をした上で、本人を呼び出して指導し、必要に応じて謹慎処分も行われます。

一般的に謹慎処分は一定期間自宅に帰らせて反省させるものですが、北星余市の場合は全国から生徒が来ているので、1週間程度の謹慎処分の場合には「謹慎の館」と呼ばれている余市町内の農家、民宿、酪農家にあずかってもらって、そこの仕事を手伝いながら過ごしてもらう方法をとることがあります。謹慎は単なる処分ではなく、非常に重要な指導の機会であり、担任と生徒との理解を深める機会でもあるので、このときこそ十分に時間をかけて関わる必要があります。遠くの自宅に帰してしまうよりも、学校の近くで毎日訪問できるほうがはるかにメリットがあります。また、学校や寮下宿とは違う「謹慎の館」での生活体験が、生徒の成長のきっかけになることも期待されます。

生活指導は生徒に社会的規範を身につけさせるための「しつけ」という性質のもので、本来的には親や地域の大人たちの役割であり、必ずしも高校が最終的な責任を持つものではないかもしれません。しかし、実際の生活指導の場面では「高校生にもなってそんなこともわからないの」というような問題が多く、まだまだ未熟さが目立つことも事実です。高校生はまだ自己制御がしっかりできるわけではなく、誰かが指導しなければなりません。すべては自己責任であれば、北星余市の自由な生活は、まさに地雷原を進むような危険な世界になってしまいます。

一見厳しい生活指導は決して管理教育ではなく、生徒の自主性を尊重しながら成熟させるための重要な教育活動といえます。

10 寮下宿

北星余市の生徒の約6割は北海道以外から入学し、さらに道内の遠隔地からの生徒も含めると約8割近くの生徒が学校の近くで下宿生活を送っています。遠方からの生徒を受け入れる高校にはたいていは学生寮が用意されているものですが、北星余市の場合には全国から転編入を受け入れ始めたときに学校として寮を建てる土地も資金もなかったために、PTAのOBをはじめ地元の関係者にお願いして下宿を確保した経緯があり、現在も余市町内に17軒（男子用11、女子用6）の「寮下宿」があります（北星余市では生徒用の下宿を「寮下宿」と呼んでいます）。この窮余の策で生徒を引き受けるようになった寮下宿が、結果的には北星余市の教育を支える貴重なパートナーとして、なくてはならない存在になっています。

寮下宿は地元の方が個人で運営していて、管理人は「おじさん」「おばさん」と呼ばれ、まさに父親、母親のように生徒たちの生活を見守り、部屋の掃除や健康管理、さらには毎朝遅刻しないように学校に送り出すことまで、しっかりとサポートしてくれています。寮下宿は男女別に分かれていますが、定員3名から20名まで規模はさまざまで、それぞれに特色があり、事前に見学した上で生徒が選択して決めます。寮下宿はまさに寝食を共にする場で、しかも先輩、後輩の入り混じった集団構成になり、学校での人間関係とは別なもうひとつの所属集団を持つことになります。ただし、その集団にうまく合わない場合は他の寮下宿に引っ越すことも可能で、学校のクラスよりも柔軟に対応できるメリットもあります。

寮下宿は担任にとってはとても貴重な生徒の理解や指導の場としても役立っています。定期的に寮下宿を訪問して、生徒の話を聞くだけでなく、管理人から生徒の様子を訊いたり意見交換をすることができます。最近では、担任といえども家庭の状況をなかなか知ることができず、生徒の理解にも制約が大きくなってきていますが、日々の生活を直接見守ってくれている管理人の存在は、とても貴重で有用です。生徒にとっても、管理人は親や教師とは違う立場や視点で受け止めてくれる点で、とても頼りになる大人になります。思春期には親への反抗や反発が強くなるので、親以外の大人の存在は特に重要になります。また、なかなか教師の指導を受け入れない生徒でも、寮下宿の先輩に言われると素直にきくこともあり、寮下宿の人間関係は指導の幅を広げる役割も担っています。

最近では発達障害や精神疾患と診断されて投薬治療を受けている生徒が入ってくることも増えてきましたが、寮下宿の管理人たちはあくまでも一般人なので、病気や障害についての専門的な知識や技術を持っているわけではありません。それでも、さまざまな困難や問題行動を出すような生徒を数多く世話してきた経験は、いまどきの「障害」に対しても特別に身構えることもなく、当たり前に一人ひとりを丁寧に見ていくことでうまく対応しています。もちろん、診断を否定することはなく、指示どおりに服薬させますが、寮下宿の生活に慣れるにしたがって、服薬量も少なくなっていくこともよくあります。以前ある管理人に病気や薬のことをうかがったときに、なかなか具体的な病名が出てこなくていつの間にか「なんちゃら障害」という名前で話が盛り上がったことがありました。病名というラベルからよりも生徒との実際の関わりから特性を理解して対応する力量には確かなものがあります。その意味では、決して素人ではなく、信頼できる専門家といえます。

11 通学生たち

北星余市の高校生活は、親元を離れて寮下宿で生活し、学級と寮下宿の二つの所属を持つのが基本型で、これら二つの居場所がお互いに補い合いながら支えていますが、自宅からの通学生の場合は寮下宿という所属集団がないことと、通学時間が長いために放課後の活動が制約される点で、異なる高校生活になっています。

現在、札幌市内から通学している生徒の中には、札幌市の社会福祉法人麦の子会が運営している児童発達支援センターや放課後等デイサービスなどの事業を幼児期から利用してきた子どもたちが20人ほどいて、北星余市への進学と通学には法人の支援スタッフも全面的に協力しながら彼らの高校生活を支えています。発達的な特性はさまざまですが、全員に共通しているのは特別支援学校ではなく「ふつうの高校に行きたい」という気持ちで、そうはいっても札幌市内の「ふつうの高校」は学力的あるいは精神的ハードルが高く、時間はかかるけれども北星余市を選択したというものです。彼らの高校生活への意欲は高く、毎朝6時半に家を出て、電車とバスを乗り継いで通学を続けています。

これらの生徒たちの中には小中学校で不登校を経験した者もいるので、北星余市の不登校系の生徒たちとは親和性はありますが、ヤンキーやギャルのような「やんちゃ系」とはなじめず、かといって通学生同士で集団を作ることはなく、なかなか積極的に学校生活を楽しむというところまではいかない面があります。それでも人間関係はしっかりと観察していて、冷静に自分の立ち位置を確かめているところはあります。

2年生になると多様な生徒たちの存在に慣れてきて、ある程度話すこともできるようになりますが、本格的に交流するところまではいきません。それでも、自分たちがここに存在してもいいように、他の生徒が存在することも承認しているような、お互いの存在を尊重する雰囲気があります。中学時代は誰とも話をしなかったという生徒は、北星余市に来てから話すことができるようになったと語ってくれました。

彼らの中には、北星余市の自由な雰囲気はあまりにも自由すぎてルールが身につかないのではないかと心配する生徒もいます。たしかに発達支援プログラムを経験してきた生徒たちには、枠組みの弱さは安全感を脅かすのかもしれません。それでもほとんどの生徒は「学校は楽しい」「北星祭は最高です」と言い、北星余市での高校生活への意欲と期待を持ちながら通学を続けています。

12 進路

高校にとって生徒の進路はもっとも重大な問題ですが、北星余市では進路はあまり話題には上りません。生活指導の取り組みと比べて進路指導はあまり目立たず、進路指導室には資料も少なく人気《ひとけ》がありません。たしかに、進学や就職の実績は高校教育の成果として注目されますが、北星余市の場合は生徒の卒後の行き先よりも、とにかく今どんな高校生活を過ごすのかに集中しているため、進学や就職が教育の目標になるわけではないところに特徴があります。

最近では大学進学が増えてきていますが、北星余市では受験指導はしないので、あくまでも生徒一人ひとりの希望に応じて、個別的に相談し指導するのが基本になります。それでも多くの私立大学から指定校推薦の枠が来るので、大学進学はそれほどハードルが高いわけではありません。実際に、卒業生の３割程度が大学、４割程度が専門学校に進学しており、高等教育への道は十分に開かれています。

もともと不登校や高校中退を経験してきた生徒たちにとっては、大学進学は遠い先にかすんでいたかもしれませんが、高校生活の中で自分の将来を考えるようになり、目的意識を持って大学進学を選ぶことができれば、大きな成長となります。初めから大学進学ありきということではなく、高校時代にしっかりと考えて悩むプロセスはとても大切です。高校が制度的に進路指導をするのではなく、あくまでも生徒の主体性と成長に応じてサポートするのがむしろ自然ですが、それは多くの高校では困難になっています。

残念ながら、3年生になってから進路を考え始める北星余市は、競争的な大学受験では圧倒的に不利な立場になりますが、受験準備に邪魔されることなく3年間びっしりと高校生活を体験できるメリットは計りしれません。高校生活に全力投球することこそが、本当の進路指導なのかもしれません。

13 親たちの盛り上がり

最後に、北星余市の光景としては場外編ということになるかもしれませんが、親たちの姿も伝えておきたいと思います。北星余市のPTA活動は非常に活発で、5月のPTA総会、6月の強歩遠足、9月の北星祭には多くの保護者が遠路はるばる余市まで足を運び、保護者同士も活発に交流します。名物行事である強歩遠足や北星祭では生徒たちに負けないくらい保護者たちも盛り上がります。夏休みに入った7月下旬には、札幌、東京、京都で地区懇談会があり、担任が出向いて保護者と懇談するとともに、その後の懇親会にはＰＴＡのＯＢも加わって夜遅くまで交流することで、教師と親だけでなく親同士のつながりが広がります。さらに、全国各地で開催される学校説明会・教育相談会にも保護者が協力し、そこでは子どものさまざまな問題で苦労してきた先輩として相談に乗る親の姿が見られます。

形式的なＰＴＡの集まりに参加するだけでなく、積極的に教師や保護者同士で交流することで、生徒たちと同じように親たちも教師と気軽に話ができる関係を作り、同じような苦労を経験してきた保護者同士の仲間意識が高まります。北星余市に来たことで、子ども以上に元気になる親もいます。これまでの子どもに対する考え方が変わることで、子どもにも良い影響が出てくることもあります。「親が変われば子どもも変わる」ということが、特別な相談や指導がなくても、ＰＴＡの活動から自然に発生することも珍しくありません。親も元気になるというのが北星余市の教育の大きな特徴であり、寮下宿とともにＰＴＡは北星余市の教育を支える重要な要素として欠かすことができない存在といえます。

第4章

北星余市の教育を読み解く

1 「居場所」＝育ちの場

高校教育は教科の学習だけではなく、高校生活の中で多くの学びを経験しますが、その中には思春期の育ちにとても大切な経験がたくさん含まれています。しかし、点数や偏差値で表される学力とは違い、高校での体験からの学びを具体的に示したり、その成果を評価したりすることは難しく、結果的にその価値が過小評価されることで、受験科目の授業以外の活動は「無駄」として切り捨てられ、高校生の学びはますます狭まる傾向が見られます。しかし、思春期を過ごす高校は大袈裟な言い方かもしれませんが、人生を左右するほど重要で、勉強さえしていればいいというものではありません。私たちが大学進学に気を取られて、見失いかけている大切な高校生の学びが、北星余市の教育の中にはしっかりと残っています。本章では、北星余市の教育を読み解くことで、思春期から大人に向かう高校生の学びについて考えてみることにします。

北星余市には多様な生徒が全国から集まりますが、彼らに共通しているのは「ふつう」の学校教育にすんなりと受け入れられず、さまざまな傷つきや困難を抱えて余市まできたということです。つまり、彼らにとっては、高校進学や毎日登校することは「当たり前」のことではなく、いくつもの障壁を乗り越えてここにたどり着いたという経験をしています。北星余市の元気な生徒たちと話していると、そんな苦労を想像することさえできず、今この学校にいることに何の違和感も持ちませんが、あらためて考えると、彼らがここにいること自体、少し前まではまったくリアリティがなく、まさに奇跡とさえいえるかもしれません。彼らの存在が「当たり前」と感じられることが、北星余市の教育の基盤です。

もちろん、すべての生徒が入学してきてすんなりと登校できるようになるわけではなく、早い段階で適応できずに去っていく生徒もいますが、担任やクラスメート、先輩、さらには寮下宿の管理人たちの支えで、少しずつ適応していくことで、1学期が終わるころにはすっかりと高校生活が定着します。高校生活が定着するか否かのカギは「居場所」を見つけられるかどうかです。一般的には「居場所」は自分で見つけていくものですが、北星余市では一人ひとりの生徒が「居場所」を見つけることをしっかりと支援しています。まずはクラスの中に「居場所」を保障することが高校教育の大前提であり、それができなければどんな素晴らしい高校教育をしようとしても、それを実現することはできません。逆にいえば、「居場所」さえ作ることができればあとはなんとでもなるともいえます。学校に来て高校生活に参加することができれば、そこから多くを学び成長することができます。

「居場所」はよく使われて便利な言葉ですが、具体的にはなかなか説明しづらいところもあります。単なる物理的なスペースではなく、「そこにいてもいい」場所であり当たり前に存在できる場所、つまり、誰からも排除されないだけでなく、安全で身構える必要がないような場所でなければなりません。自室にカギを掛けて閉じ籠もれば外敵からは守られた安全な場所になるかもしれませんが、それは社会的孤立・孤独であり「居場所」とはいえません。自分だけで存在するのではなく、他者から存在が承認されていることも「居場所」の重要な要素です。自分の居場所がある人にとっては、それはまるで空気のようなもので存在を意識することもありませんが、ひとたび「居場所」が脅かされた人にとっては、なかなか見つけることが難しいものになります。

かつて「登校拒否」が「不登校」と呼び名を変えたことで、長期欠席児童生徒は「学校に行かない」のではなく「学校に行きたくても行けない」という理解に変わりましたが、どちらにしても本人が登校しないという見方には変わりはありません。しかし、当事者の視点からは不登校は登校を回避しているというだけではなく、学校やクラスから排除されているという側面もあります。つまり不登校は学校における「居場所」の喪失としても理解することができます。そんな排除を経験してきた生徒たちの立ち直りと成長のためには、あらためて「居場所」を見つけ出すことが最初のステップになります。北星余市の教育では、さまざまな傷つきを持って入学してくる生徒に対して、まずは3年間を過ごす「居場所」をしっかり作ることに全力を挙げます。それは過去に学校での居場所を失った経験を持つ生徒にとっては、まさに新たな人生の再スタートともいえます。

生徒たちの「居場所」を確かなものにするのに教師はとても重要な役割を持っています。信頼できる大人に見守られ、一人の人間として承認されることで「居場所」の安心感が高まります。生徒との距離が近く、先生と呼ばないフランクな関係は、北星余市の大きな特徴ですが、それだけでは生徒の安全感は達成されません。生徒と教師が対等であるかのように見えますが、教師は大人として生徒よりも優位であることが安心感を保障するためには不可欠です。北星余市の教師たちは、生徒を一人の人間として尊重し承認することで、生徒との信頼関係を築き、そこから生徒たちは教師に見守られている安心感を得ることで、本当の「居場所」を確保しています。卒業生のメッセージからも教師への信頼から居場所を得ていった経験が伝わります。

この学校では先生と生徒の距離がとても近い。（中略）みんなが僕の（というより生徒の）可能性と未来を心から思ってくれているのだ。その上で僕らと毎日関わりあって過ごしている。もちろん悪いことをすれば叱ってくれる。それでも人間性を否定されたことは一度もないし、何がどうして悪いのか、きちんと理解させて反省させるところまで面倒をみてくれる。そんな一途な教育への取り組み姿勢に、先生方の存在は「北星に来るしか道がなかった」僕に信頼感と大きな安心感をもたらしてくれた。（45期卒業生、矢部考太『居場所――「変わる」の法則』かぜたび舎、２０１４年）。

北星余市の教師に見守られた安全感をもっとも実感させるのが休み時間の職員室です。教師に話があって来るだけでなく、まったく教師とは関係なく、ただ生徒同士でじゃれ合うだけの生徒もたくさん来ます。生徒だけになる休み時間の教室に対して、教師に見守られている職員室は生徒にとって安全感の高い場になります。リラックスした雰囲気は生徒同士の交流を促進することで、より安心して高校生活を送ることを可能にします。

2 高校教育の基盤づくり

教師がしっかりと生徒たちを見守る環境を作ることで、それぞれの生徒の安全な「居場所」が保障されると、多様な生徒が入り混じった集団がさらなる学びの機会を提供することを可能にします。往々にして学校の集団は排他的で、同じ学年、同じクラスでも、少しでも違う生徒は排除される危険があり、学年が違えば先輩・後輩のけじめはかなり強く、なかなかなじめない雰囲気があります。北星余市では一般の高校とはかけ離れた多様性がありながら、一人ひとりの生徒の存在が認められて、排除されることはありません。これについても、信頼されている大人である教師がしっかりと介在していることが、生徒集団の緊張を緩和し、そこから生まれる安全感が無駄な対立を起こさずに学校生活を送れるようにしています。多様性を認め合う環境は、結果的に誰も排除しない教育につながり、究極のインクルージョン教育になっています。

北星余市の生徒集団は、出身地や家族の背景、入学してきた理由、学力、さらには年齢や社会経験などに大きな多様性があってきわめて不均一なので、何が「ふつう」なのかわからないところがあります。髪の毛の色も服装も人それぞれで、いろんなタイプの生徒が入り混じっています。校則は必要最低限なので、許容範囲は驚くほど広いのですが、その一方で行動の限界は明確かつ一貫性があるので、生徒の安全がしっかりと守られた安定した高校生活が保障されています。許容範囲が狭く、細かく管理された集団では、少しの違いがくっきりと浮かび上がるのに対して、多様で雑多な生徒が入り混じった安定的な集団の中では、かなりの個性も周囲の生徒とのコントラストが下がることで目立たなくなり、存在しやすくなるメリットがあります。発達障害と診断されるような生徒でも、北星余市の集団では自然に存在できるようになり、特別な配慮がなくてもふつうに高校生活を送ることが可能になります。

排除しない学校生活は、教師だけでなく、先輩の存在も重要な学びの要素になっています。北星余市では活発な学校行事や生徒会活動に加えて、寮下宿での生活もあって、学年を越えた生徒の交流がとても盛んですが、決して上級生が権威的に下級生を支配する構造ではなく、むしろきょうだいのような関係というのがしっくりきます。先輩として後輩の学校生活を見守り、必要に応じて相談に乗ったり支援したりします。担任も気になる生徒がいれば、寮下宿の先輩に様子をうかがってもらったり、反抗的な生徒には先輩から言ってもらったりするなど、絶妙な立場で後輩たちの高校生活を支えています。さらに、後輩からは「かっこいい」「雲の上の存在」

とあこがれのまなざしで見られ、先輩にあこがれて生徒会活動に参加したり、今度は自分たちが後輩の世話をしようとしたりします。未熟な自己イメージに対して、先輩がほどよい目標になることで、高校生活へのモチベーションと大人になるイメージが膨らみます。高校生活の中で適切な役割モデルを間近に見ることができることも、育ちの場としてはとても重要です。

北星余市の教育をもっとも特徴づける3年間を過ごす居場所を作るための教師と生徒の努力は、高校教育の本質というよりもむしろ高校教育の前提となる環境づくりといえます。高校教育は制度的には、すでに高校教育を受ける準備ができている、つまり適格性があることが前提となっているので、北星余市のような「面倒くさい」作業は必要としないと思い込まれています。しかし、現実的にはこの高校教育の基盤が不確かであるためにドロップアウトする生徒が少なくありません。すべての子どもたちのために開かれた高校教育では、学びの基盤を作る努力から始めなければ、どんな教育も効果を上げることはできません。

この学びの基盤づくりをしっかりした上で、高校生活に参加することが次のステップになります。登校して授業を受けることがもっとも基本的な高校生活への参加ですが、それに加えてクラスの活動、部活動や生徒会活動、さらには学校行事に参加することで、高校生活はいっそう安定し充実していくことができます。なかなか自分からは参加のきっかけがつかめない生徒には、教師がその生徒の特性や学校への適応状況を見ながら、クラス役員を任せてみたり、弁論大会に出ることを勧めたりして背中を押すこともあります。そのためにも、さまざまなレベルでの参加のチャンスがあることは非常に有利になります。参加によって集団への所属意識を持つことができれば、高校生活はさらに安定的な学びの場になっていきます。

その上で、思春期の学びの場となる高校で、一人の大人として社会に出て行く準備を進めていくためには、まずは自分の存在が確かなものにならなければなりません。大人として生きていくための学びは座学だけで修得できるものではなく、さまざまな人との交流の中でお互いに影響を受け合う相互作用から得られます。北星余市がもっとも力を注ぐ高校生活の基盤こそが、思春期の育ちのプラットフォームとなります。この基盤がなければ、どんな教育も育ちにつながらず、ただ単に上の学校に進むことで課題を先送りにすることになってしまいます。北星余市の教育を見ていくと、当たり前のことではありますが、学びの前提となる基盤づくりの大切さをあらためて認識することができます。それはまさしく移行支援としての高校教育の具体的な実践例として注目されるものでもあります。

3 初めから「底辺校」

一人ひとりの生徒の多様性を承認し、安全な「居場所」を確保して、全力で高校生活を経験する北星余市の教育は、開設当初からの多様なニーズを抱えて入学してくる生徒に必死で向き合ってきた教師たちの経験に基づいて築き上げられたもので、50年以上にわたってしっかりと引き継がれ、独自の教育モデルとして発展してきたものです。

この北星余市の教育モデルは、「底辺校」と呼ばれる入学試験の偏差値による序列の最下位に位置づけられる高校に共通するものがありますが、北星余市の場合は１９６５年に開設されて以来ずっと「底辺校」として困難な生徒に向き合ってきた、いわば「底辺校」の高校教育の草分けとして、高校教育のまさに「底辺」を支えてきたノウハウが蓄積されています。一般的に、新設された高校は少しでも優秀な生徒を集めるべく努力するものの、なかなか伝統校に競り勝つことは難しく、やがて偏差値を下げて「底辺校」になっていくものですが、北星余市の場合は、地元の強い要請を受けて地域の公立高校に入れない生徒の受け皿として開設されたので、初めから「底辺校」としての宿命を背負ってスタートしているのがユニークなところです。開校当初の状況について元校長の深谷哲也は次のように振り返っています。

一つの町に公立と私立の高校がそれぞれ一校ずつ存在することは、結局、公立高校を失敗した生徒たちが集まる高校として運命づけられ、生徒たちはいろいろな意味で「劣等感」の塊にならざるをえない状況におかれていた。しかし、本校の教師集団は、そういう心に傷をもつ生徒の一人ひとりに寄り添いながら、彼らの「自立」を目指して支援してきた。（『学校の挑戦』教育史料出版会、１９９７年）。

1965年4月に217名の新入生を迎えて始まった北星余市の8名の教師たちは、第1回職員会議で、「クラス活動の重視」「生徒指導にあたっては処罰によって生徒を縛り、管理していくものではなく、あくまでも生徒の自主的な活動に依拠して、自らの手で生活問題に取り組み解決していける生徒を育て上げることを本校教育の理念」とすることを確認したものの、初めから生徒たちの生活は乱れ、喫煙や破壊的行動で教師たちはその対応に追われ、困難をきわめる教育活動が続くことになります。しかし、教師たちは泊まりがけで教師研修会を持って徹底的に話し合うことで、一致協力して難題に立ち向かい、北星余市の教育を築き上げてきました。この1泊2日の教師研修会は年2回のペースで現在も続き、2017年度には107回を数えるまでになっています。教師たちの熱い議論が北星余市の教育実践の基盤にあり、その伝統は今日まで一貫して変わっていません。

生活指導だけでなく、教科指導の重要性についても教師たちは早くから認識していて、1979年からは北海道大学教育学部との共同研究で「わかる授業」「楽しい授業」を目指した「授業書（プリント）」づくりが行われ、その成果は現在の北星余市のプリントを使った授業にも引き継がれています。「底辺校」の授業では基礎学力が不十分な生徒への学習指導が課題になりますが、小学校や中学校の学習をただ「反復」するような授業ではなく、高校生にふさわしい内容や方法で基礎学力を「形成」するような授業づくりが進められました。たとえば、アルファベットが十分に書けない生徒に中学校のアルファベット指導をやり直すのではなく、アルファベットという文字の歴史やいわれを深く掘り下げることで、すでにアルファベットをマスターしている生徒に対しても学習の動機付けを失わせない形で学力を形成する授業が開発されました。このような授業は「底辺校」におけるパイオニア的な教育モデルといえます。

開設からの20年間で「底辺校」としての教育モデルがほぼ出来上がっていたことが、1988年に全国から中退者を受け入れる大胆な方針の基盤になっていたことは明らかです。あえて問題の多い生徒を受け入れることは、教師の負担だけでなく、生徒への影響も大きく、何よりも地域での評価をさらに下げる危険さえあるので、常識的には考えられない選択です。存続の危機であったとはいえ、教師たちがこの選択肢を選んだ背景には、一貫した教育方針と困難な問題に対して教師集団として最後まで向き合ってきた実績と自信があったに違いありません。そして実際に多くのヤンキーを受け入れて存続の危機を乗り越えることができたことは、それまでに培われてきた北星余市の教育の実力を証明したといえます。まさに「最後の砦」「駆け込み寺」「セーフティネット」としての責任感が「底辺校」の教育を作り上げてきたといえます。

暴力は絶対に許さない、生徒と教師の信頼関係に基づく生徒理解と指導、生徒一人ひとりに居場所のある学級（学校）、クラスの取り組みや行事の活性化と生徒自身の力による運営、そして教師同士の緊密な連携と話し合いによる指導など、北星余市の基本的な教育実践は50年以上にわたってほぼ一貫して続いています。

高校に偏差値による序列があるかぎり、必然的に「底辺校」は生じることになります。高校教育が常に競争的な教育であるとすれば、「底辺校」は高校教育における敗者であり、その教育は「敗戦処理」のような虚しいものにならざるを得ません。実際に北星余市の教育はそんな「敗北感」にうちひしがれた生徒たちへの取り組みから始まっています。しかし、そもそも高校の序列というものは、高校教育がエリート教育であり、競争を勝ち抜いた者だけが恩恵を受けることができるという、戦前の教育についての信念に由来するもので、誰でも高校教育を受けることができるようになった戦後の教育の実情とはまったく合わないものです。それどころか、このまま高校の序列を容認していくことは、高校教育を受けることですべての子どもたちがランク付けられることにもつながり、教育が制度的に差別を作り出すことにさえなります。高校に行かないという選択肢が保障されていれば、このランク付けの制度から逃れることもできますが、今では高校に行かないこと自体が絶対的な差別を生むようになっているので、まったく逃れることはできません。

すべての子どもたちが高校教育を受けるようになった時代には、高校教育も生徒のニーズに応じて多様化していかなければなりません。学力を基準とする競争原理だけでは、すべての生徒に恩恵をもたらす教育はできません。つまり、高校教育のユニバーサル化が求めたのは、エリート教育ではなく、受験競争を勝ち抜く競争的な教育でもない、非競争的な育ちの場としての教育であり、それは決して敗者のための二流の高校教育ではない、固有の高校教育として認められなければならない教育です。

残念ながら、世間の常識はまだこのような高校教育の意義と価値を十分には認識できていませんが、北星余市が半世紀以上にわたって実践してきたのは、まさに非競争的な高校教育のモデルであり、全入時代の高校教育に求められる移行支援としての高校教育の具体的なモデルです。初めから「底辺校」として教師と生徒が作り上げてきた北星余市の教育は、これまで誰も目を向けてこなかった高校教育のモデルとしてとても重要な意義があります。

4 逸脱への対応モデル

高校教育では教科指導とともに生徒指導も重要な要素となります。本来の生徒指導は、児童生徒の社会的資質や行動力を高めるように指導・援助するもので、必ずしも問題行動への対応に限定したものではなく、もっと積極的に児童生徒の成長を促す指導も含まれるものですが、実際には学校の秩序を乱す行動に対する学校側の管理的なイメージが強く、生徒指導を受けることはあまり歓迎されるものではありません。しかし、北星余市では、暴力支配やいじめに対して処分権を持つ生活指導部とともに、生徒を理解して受け入れながら援助する担任とで、教育の基盤となる「クラス集団づくり」をしてきた「生活指導」の伝統があり、それは現在も引き継がれています。

いわゆる問題行動というのは、つまりは求められる行動からの逸脱を意味します。学校教育のみならず、私たちの社会にはさまざまな逸脱があり、必要に応じて介入が行われます。子どもたちの学校生活に関連する逸脱にはいくつかのタイプがあり、たとえば、登校（学校適応）からの逸脱、発達の逸脱、社会あるいは学校の規範からの逸脱の３つに大別することができます。

①　登校（学校適応）からの逸脱の典型は不登校で、かつては「学校恐怖症」「登校拒否症」というような病気と考えられて児童精神科医療の中心的な病理として治療の対象にされてきましたが、１９９０年代に「不登校」と呼ばれるようになって心理的な問題として再認識され、それがきっかけになって全国の小中学校にスクールカウンセラーが配置され、不登校児童生徒に心理的なアプローチが行われるようになりました。子どもの逸脱を病気として扱うことを「医療化」と呼ぶのに対して、心理的な問題として扱うことは「心理化」といいます。不登校が学校教育の重大な問題として注目を集めたことで、子どもの逸脱に対する医療化と心理化は普及し、精神科医や臨床心理士などの専門家が子どもたちの治療やケアに深く関わるようになってきています。

②　発達の逸脱も学校教育には関連が深く、特に心理的な発達の逸脱に対して「発達障害」という概念が広く使われるようになってきました。登校拒否症は正式な精神医学の病名ではなく、便宜的に使われてきた症候群だったので、病気のように見立てる「医療化」というのが適切でしたが、発達障害に含まれる「自閉スペクトラム症」「注意欠如・多動症」「限局性学習症」

などは正式な病名として、まさに医学的に定義されているものなので、医療問題そのものといえます。とはいえ、医学的な治療だけで対応できるものではなく、実際には特別支援教育での対応が中心になりますが、精神医学や発達心理学の専門家が深く関わることが増えてきています。

③　3つ目の逸脱である、社会あるいは学校の規範からの逸脱は、つまりは学校の指導や規則に従わない、あるいは暴力や盗みのような社会的に許容されない行為など、まさに生徒指導の核心的な問題行動が含まれます。悪いことをしたり、すべきことをしなかったことに対して、一貫した態度で指導して生徒の行動を修正することが中心になり、教育活動の一環として教師が対応するのが一般的で、医療化や心理化のように外部の専門家に依存することはあまりありません。

北星余市の生徒指導は、「暴力は絶対に許さない」という基本理念に見られるように、社会や学校の規範からの逸脱を徹底的に指導することが中心で、生活指導部の教師たちが調査と処分の判断を任されています。このような生徒指導の基本には、行動の背景にはいろんな事情があったとしても、良くない行動は決して見逃さずに指導するという、行動を基準にした指導方針があります。つまり、北星余市の生徒指導は行動モデルを基本としているといえます。

5 変わるのは本人

北星余市には不登校経験者も多く、発達障害の診断を受けて入学してくる生徒もいますが、基本的には行動モデルがそのまま適用されます。心理的アセスメントや診断に基づいて個別の対応を設定するのではなく、すべての生徒に対して同じ基準で行動が評価され、逸脱に対しては一貫した基準で処分されるのが基本になります。ときには冷徹で厳しすぎる処分もありますが、もちろん処分だけで指導が終わるのではなく、実際には処分をした上でしっかりと個別に関わることが行われているので、単純に行動モデルだけで対処しているわけではありません。

たしかに、さまざまな困難を抱えた生徒たちには、医療的あるいは心理的アプローチが有効であることもありますが、それだけでこれらの生徒たちの高校生活が保障されるとはかぎりません。医療的・心理的アプローチでの対応は、アセスメントに基づいて個別的なケア計画を立てますが、学校環境や教育環境を変えるのではなく、あくまでも個人のケアが中心になるので、無理に集団への参加は求めずに対症療法的な個別的なケアになりがちで、ともすればインクルージョン教育に逆行することにもなりかねません。しかし、北星余市のような生徒が学校生活に参加することを目指す支援では、教師が中心になって生徒の居場所を作り、対人関係を築くことで、登校を可能にするような原因療法が可能になります。北星余市では不登校生徒であってもあくまでも登校を前提とした教育を行っているので、不登校に対しても行動モデルが適用され、心理的アプローチが前面に出ることはありません。

最近関心が高まってきた発達障害の特性を持つ生徒に対しても、北星余市の教師たちは基本的には他の生徒と同じ方針で対応しています。診断が付けられている生徒であっても診断名だけで判断せずに、あらためて教師としてしっかりと生徒を見立てて生徒の適応や意識を変えるように指導しています。腫れ物に触るように扱われてきた生徒にも、特別扱いをせずに向き合い、暴力が出るようなことがあれば他の生徒と同じように謹慎処分にすることもあります。北星余市の一貫した行動モデルでは、発達障害であったとしても、変わるべきは環境ではなく本人ということになります。

もともとヤンキーと呼ばれるような問題行動の多い生徒たちを受け入れてきた北星余市は、必然的に行動モデルが主流にならざるを得なかったことは十分に理解できますが、不登校や発達障害の生徒たちが増えてきても、依然として行動モデルで指導していることには疑問を感じる人もいるかもしれません。もっと「専門的」に生徒を理解して、個別的なニーズに合う指導が必要だという声も多いかもしれませんが、逆に行動モデルで不登校や発達障害の生徒も含めて対応できていることは、北星余市に半世紀以上伝わる秘伝の生徒指導の汎用性を示しているともいえます。

ただし、北星余市の場合は、純粋に行動モデルが有効であるというよりは、前節で示したような生徒との信頼関係に基づく教育基盤づくりをしっかりとしていることで、行動モデルが機能している可能性があるので、この行動モデルだけの効果を評価することは難しいかもしれません。

生徒の示す逸脱は、時代によって変遷しますが、その対応には一貫した基本があるのかもしれません。表面的な特徴や専門家の理屈に振り回されて一貫性を失うことで、教師の経験が否定されれば、さらに混迷は深まりかねません。心理的アプローチのような洗練された科学的な根拠を示すことはできませんが、北星余市の生徒指導は現在の高校教育でも決して色あせるものではないことは間違いありません。

6 ガラパゴスの利

北星余市のような非行への対処に起源を持つ行動モデルは、今の高校教育にはもはや時代遅れになっているようなイメージを持たれるかもしれません。高校教育は入試制度をはじめとする制度改革を繰り返し、大きく姿を変えてきました。高校での専門教育は衰退し、学校名からは「工業」「商業」「農業」のようなわかりやすい表記は消え、少子化の流れの中で統廃合が進んで、聞き覚えのない高校がずいぶん増えました。北星余市のある余市町の伝統校であった余市高校も近隣の2校の公立高校と統合されて余市紅志高校になっています。北星余市は設置者や校名、課程は変わらずに存続していますが、定員は200人から140人に削減され、学校の規模はかなり縮小しており、はやり時代の波に大きく影響を受けてはいます。

序章でも触れたように、北星余市はやっとのことで開設したときから将来的な生徒数の減少が危惧され、何度も廃校の危機を乗り越えてきました。存立基盤の弱い地方の私立高校が、いつ廃校になってもおかしくない状況の中で生き残ってきたことは奇跡としか言いようがありません。しかし、北星余市が存続してきたのは、気まぐれな教育行政に迎合したわけでもなく、スポーツや進学などに特化して生き残りをかけてきたのでもなく、開設当初からの行き場のない生徒たちを受け入れる「底辺校」としての高校教育を頑なに続け、さらには全国から中退者や転学者を集めてその教育を発展させることで存続してきたことは、驚愕の事実です。さらには暴力事件や薬物汚染問題などがマスコミで大きく報道される逆境さえも乗り越えてきたことには、とてつもない生命力を感じざるを得ません。

開設当初から始まる学校行事をしっかりと継続し、「仲間・友情・団結」のスローガンの下で、基本的な教育理念と指導方法を守り続けている点は特筆されます。実際にこの高校をモデルにしたテレビドラマが製作されましたが、昔の学園ドラマのような古臭い教育が現在まで生き残ったことは、絶滅危惧種というよりは生きた化石という感じで、進化の流れから取り残されたガラパゴスのようにさえ思われます。しかし、それは決して哀愁を誘うような話ではなく、むしろ教育ビジネスや大学の利害に振り回されることなく、独自の高校教育をしっかりと守り続け、今あらためて高校教育固有の意義を再定義するための貴重な実践を私たちが直に経験できるという点で、とても意義のあることです。

北星余市が時代の波に流されず、独自の教育を継続することができたのは、余市町の地理的な条件が重要であったと思われます。余市町は決して陸の孤島というようなへき地ではありませんが、かといってさまざまな困難を抱える高校生を支える専門家や支援機関はほとんどなく、医療化や心理化による生徒の理解や介入が入り込むことができなかったという状況があります。最近ではどこの高校にもスクールカウンセラーが関与するようになっていますが、北星余市にはいまだかつてスクールカウンセラーが入ったことはなく、保健室には養護教諭もいません。その結果、北星余市では生徒の逸脱を医療化・心理化する流行に乗ることもなく（正確には、乗ることもできず）、生徒のアセスメントや支援を専門家に「外注」することなく、教師たちが直接関わり続けるしか方法はありませんでした。

もうひとつの重要な要素は、私立高校であることで独自の教育を進めやすく、さらに独立した学校運営のおかげで、現場の教師たちの話し合いで方針を決めることができる体制があったことが挙げられます。北星余市では１９７６年から校長を教師たちの選挙によって決める公選制が続いていて、結果的に一人ひとりの教師が主体性と責任をしっかりと持って教育に専念することができます。北星余市の教育をしっかりと実践していったら、よその高校の目新しい取り組みに目移りすることなく、結局北星余市の教育を続けていたというのが本当のところではないでしょうか。

また、初めから「底辺校」であったことで、偏差値競争に巻き込まれることなく、がむしゃらに目に見える成果を出すことで、偏差値ランクを上げる努力をする必要がなかったことも、余計な雑音に惑わされることなく、自分たちの教育を守ることを可能にしたと思います。

さまざまな条件が重なってガラパゴス化した北星余市はすべての子どもたちを受け入れて大人への移行支援としての高校教育を実践し続けてくることができましたが、同じ条件を再現することは難しいので、この教育を広めることは簡単なことではありません。しかし、大切なことは北星余市のコピーを全国に作ることではなく、北星余市の教育から高校教育の意義と価値をあらためて再認識し、現在の高校教育に活かしていくことです。

7 全入時代の高校教育モデル

北星余市の教育を見ていくと、現在の一般的な高校教育とはずいぶん違う、まったく別物の教育を見ているような気がしてきます。それはあたかも「特別な生徒たち」のための高校であり、「ふつうの生徒たち」とは無縁な高校とさえ思われるかもしれません。しかし、そこで学んでいるのは、みんな高校生であり、そこから大人に向かって成長していこうとしている若者であることには変わりはありません。目指すものは人それぞれですが、ここから数年の間で大人になっていくという目標はみんな同じです。大学進学率が50％以上になり、専門学科であっても大学進学が一般的になっている「総普通科」の様相を呈している現在の高校教育は、学力や進学実績のような数値化できる結果に目を奪われて、それが「正しい」高校教育だと信じて疑わない風潮がありますが、本来的に高校教育はそれだけのものであるはずがありません。

競争的な高校教育から取り残された北星余市の教育は、私たちが高校教育のエッセンスだと思い込んでいる要素が薄く、それに対して「どうでもいい」ような内容ばかりになっているようにも見えますが、それこそが北星余市の教育のエッセンスであり、もっとも価値を置いている要素といえます。つまり、北星余市の教育が別物のように見えるのは、高校教育に対する価値観の違いによるもので、ふつうの高校が「無駄」として省略しているような教育に重点を置く一方で、最重要課題とされる進路にはあまりこだわらないところに根本的なズレがあります。ふつうの高校の常識から見れば、北星余市はもっとも大切なことが欠けていて、どうでもいいことばかりしている無駄な教育ということになってしまいます。

それはあながち間違いではなく、北星余市の教育が私たちにいちばん強く訴えていることは、まさに「無駄」こそが高校教育の肝であるということです。学力を基準とする高校教育から見れば、北星余市は不純物がいっぱいの教育ということになりますが、しかし何ごとも純度が高ければいいとはかぎりません。純粋な塩化ナトリウムだけの塩よりも、にがりの混じった天然塩のほうが味わいがあるように、不純物を無駄と決めつけるものでもありません。これから大人になる若者にとって、混じりものの多い教育はさまざまな学びの経験を提供することで、自分らしい生き方を見つけるのに大いに役立ちます。

北星余市が２０１３年に行った大規模な卒業生アンケートは興味深い結果を示しています。この調査では、1期生から45期生までの３９１５人にアンケートを送付し、回収率は14・2％で、主に20歳代と30歳代の卒業生(全回答者の71％)から回答が得られました。この調査の中で、「在学中を振り返り、以下の項目に関して、どの程度意欲的に取り組んでいましたか」という質問に対して、「熱心に取り組んでいた」と答えたのがもっとも多かったのは「行事」(46・5％)で、次いで「同学年の友人との関わり」(36・5％)、「部・委員会・生徒会活動」(30・8％)と続き、「どちらかといえば熱心だった」を合わると「行事」(85・6％)、「同学年の友人との関わり」(81・7％)、「クラスの取り組み」(73・5％)、「授業」(61・2％)、「寮内における人間関係、集団生活」(60・4％)、「部・委員会・生徒会活動」(57・0％)となり、行事やクラス、寮下宿での活動が上位を占めています(**図3**)。

この結果はまさしく北星余市の現在の教育とも通じるものがあり、行事やクラスの活動、仲間関係が、高校生活の中心であったことをあらためて示しています。これらは必ずしも高校教育の中核ではなく、どちらかといえば「おまけ」のようなものかもしれませんが、生徒にとってはとても意味のある経験であったことがうかがわれます。高校生活の要であるべき「授業」についていては、「熱心に取り組んでいた」は20・8％にとどまったものの、「どちらかといえば熱

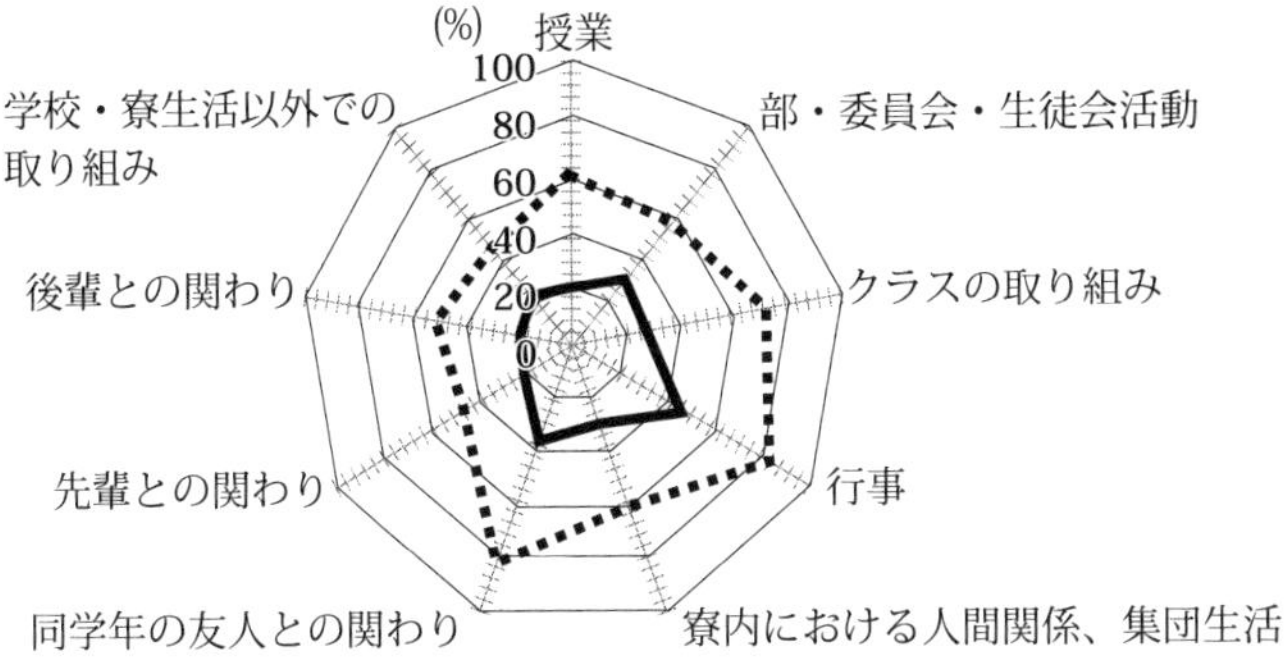

図3　在学中に意欲的に取り組んだこと

心だった」を合わせると6割を超えており、授業もしっかりと高校生活の要素に位置づけられていたことになります。自由記述で回答を求めた面白かった先生の授業や印象に残っている授業については、教師の名前や科目、授業内容が具体的に書かれていて、卒業生の記憶にしっかりと残っていることがうかがわれます。

勉強だけでなく、行事やクラス活動に夢中で取り組んだ高校生活に関して、卒業生たちは「北星余市高校でした経験、学んだことが卒業後の生き方、人生観、職業観などになんらかの良い影響を与えていると思いますか」という質問に対して、「そう思う」が52%、「どちらかといえばそう思う」が21%で、「北星余市高校に入学して良かったと思いますか」という質問には「入学して良かった」が73%、

「どちらかといえば入学して良かった」が12%であり、いずれも高い満足度が示されていました。合理的な高校教育から見れば「無駄」に相当するような不純物のような活動であっても、生徒たちは熱心に取り組むことで成長し、高校生活への満足度を高めるだけでなく、大人としての生活の基盤になる経験であったことを卒業生の調査結果は示しています。

要するに、北星余市の無駄の多い面倒くさい教育は、高校教育の基盤づくりに多くの時間とエネルギーを注いでいるために、ふつうの高校教育が求める学力や大学進学のような具体的な結果にまで手が回らないというのが本当のところかもしれませんが、その一方で、思春期の育ちの場としての重要性や価値が十分にあることも事実です。それはあたかもしっかりとした土台を作ることに専念して、その上の建物を建てる時間と予算がなくなってしまったような中途半端な結果のようなものかもしれません。しかし、基礎工事はほどほどにとりあえず形としての建物を建てるようなごまかしではなく、目に見えないところにも決して手を抜かない愚直な仕事が一概に否定されるものでもありません。ましてや、人を育てる教育が見かけだけの結果を求めるものであってはなりません。

何はともあれ、大学にコマを進めることを優先するのか、しっかりと足元を固めてから具体的な目標を見つけて歩き出すのかは人それぞれの人生観の問題ですが、残念ながら最近の高校教育はじっくりと足元を固めるための「無駄」がなくなり、人生の課題は大学に先送りされる傾向がますます強まっています。そんな風潮の中で、北星余市の教育の異質性ばかりが目立つかもしれませんが、全入時代の高校教育ではこれまで以上に思春期の育ちをしっかりと支えることは、高校教育の重要な役割にならなければなりません。半世紀にわたる北星余市の教育は決して時代遅れの非効率的な高校教育ではなく、多様な生徒の育ちのニーズに応える有望な高校教育モデルとして期待されます。

第5章

どうして高校に行くのか

[1] 子育ての外注化？

私たちの社会では子どもが学校に行くのは当たり前になり、それは特別なことでもありがたいことでもなく、子どもの生活の一部としてすっかり定着しています。それどころか、子どもが親と過ごす時間はどんどん短くなり、小学校に就学する前から保育所や幼稚園などの家庭以外の場所で過ごすことが一般的になっています。乳幼児の保育の需要は高く、待機児童に象徴される保育所不足は深刻な社会問題になっていますが、子どもは6歳の4月になれば小学校に就学するのは確実なので、この時期が親にとっても子育ての大きな節目になります。子どもの就学は親の働き方に大きな影響を与え、多くの家族は子どもが学校に行くことを前提に生活を築いています。そのため、子どもが熱を出して学校を休むような「アクシデント」があると、予定が狂って大変な苦労をすることもしばしばです。

これほどまでに学校教育は子どもの生活に浸透し、子育てと一体化してくると、親としては子どもを「学校に行かせる」というよりも「学校に行ってもらわなければ困る」というのが正直なところかもしれません。もちろん、学校は親の子育てを助けるためのものではなく、あくまでも子どもの教育のためのものであることはわかりきったことではありますが、たとえ母親が専業主婦（あるいは父親が専業主夫）であったとしても、学校なしで子育てをするのは今ではほとんど考えられません。子どもにとって楽しい夏休みが母親にとっては憂うつな日々になることがよく話題になります。学校教育は親や家庭の事情や利害関係も絡み合って、さまざまな問題を抱えながらも私たちの社会にとってなくてはならないものになっています。

そうなると、もはや「何のために学校に行くのか」「どうして学校に行かなければならないのか」、さらには「教育とは何なのか」をいちいち考えるまでもありません。幸いなことに、学校に行く理由や目的を考えなくても、ほとんどの子どもたちは毎日きちんと登校し、まさに学校は完全に子どもの生活の一部になっています。子どもの生活が学校を中心に回るようになると、親の子どもへの関わりも学校や勉強に関することばかりになりがちです。毎朝学校に送り出すことから始まり、帰ってきたら宿題をさせたり塾に行かせたり、親の役割は子どもにしっかりと勉強させることが中心になり、仕事に忙しい親はそれだけで一日の子どもとの時間が使い尽くされてしまうことすらあります。もし、学校がない社会であれば、親子の関わりはずいぶん違うものになるに違いありません。中学受験にせよ高校受験にせよ、子どもの受験を控える時期になるとその傾向はますます強まり、親の関心はさらに教育に傾き、それ以外のことを考える余裕が奪われていきます。

それはあまりにもふつうの親子の光景になっているので、もはや誰も疑問を感じないかもしれませんが、少し冷静に考えてみると、子育てを教育に依存しているというか、子育てが教育に乗っ取られているようにも見えます。教育を主軸に置いた子育てそのものが批判されるものとはかぎりませんが、子育ての価値観や子どもの評価が学校教育に支配されて、テストの点数に一喜一憂するような、子どもを単一の尺度で見ることの弊害を生む可能性があることに注意しなければなりません。残念ながら、いまや子育ての成否は学業成績、とりわけ受験の結果に集約されるようになり、そのために親は子どもを塾に通わせ、多額の教育投資を余儀なくされています。ここに至って子育ては完全に教育に依存することになり、親は子どもの将来を教育に託し、極端な場合は子ども以上に親が受験に必死になることさえあります。

これほどまでに教育が子育てを支配するようになれば、もはやどうして学校に行くのか、さらには義務教育でもない高校になぜ行かなければならないのかを考える余地はありません。もちろんそんな現状に疑問を持つ賢明な親も少なくないと思いますが、高校教育が社会に出るための最低条件になった現代社会では、一人だけ反旗を翻したところで抗いようがありません。子どもの将来を考えれば、学校教育への疑問があったとしても、まずは高校を卒業しなければどうにもならないことも賢明な親はわかっています。教育に熱狂する親であっても、疑問を抱く親であっても、現代の子育ては否が応でも学校教育に大きく依存し、まるで子育てを学校教育に外注しているようにさえ見えます。

学校は親のためにあるのではなく、子ども自身のためにあるという原点に立ち返れば、親としてもただやみくもに世間の風潮に乗るのではなく、自分の子どもの学校教育の目的や意義を見失うわけにはいきません。ただ高校にさえ行ってくれればいいというだけでは、子育ての主体性と責任の放棄になりかねません。

2 迷走する高校教育

義務教育である小学校や中学校とは違い、制度的には自ら希望して進学する高校については、本来、何のために高校に行くのかを考えることはとても大切なはずですが、いざ高校教育とは何かと考えてみようとしても、小中学校と同じように特別な意義を見つけ出すのはとても大変なことです。それほどまでに中学校から高校への接続はスムーズになっているといえます。そんなことは子どもにはわからないとか、教育の「素人」である親には理解できないと一蹴されることもありますが、かといって高校の教師や校長、教育委員会のような「プロ」でも、なかなか明快に答えることができない悩ましい問題でもあります。にもかかわらず、ほぼすべての子どもたちが高校に進学している事実は、日本の学校教育制度が十分すぎるほどに成熟し、完全に社会に定着していることを示していますが、その一方で、高校教育の意義や目的が曖昧なままにされることでさまざまな矛盾や混乱があることも無視できません。それは決してどうでもいい問題ではなく、真剣に向き合うべきものです。

学校教育の根幹である学校教育法には、「高等学校は、中学校における教育の基礎の上に、心身の発達及び進路に応じて、高度な普通教育及び専門教育を施すことを目的とする」（第五〇条）と謳われていますが、これは高校教育の位置づけを示しているだけで、少なくとも中学校を修了した上で受けることができる教育ということを言っているにすぎません。しかし、この学校教育法の定義はむしろ私たちの高校教育についての常識に近いところがあって、つまり高校教育とは「中学校の次の段階で、大学の前の段階」というのがもっともわかりやすい説明かもしれません。

高校教育の位置づけがわかったとしても、学校教育の中で高校がどんな教育を担っているのかは依然としてはっきりしません。制度としての高校教育がどうであれ、私たちの中での高校教育の目的や意義がはっきりしないまま、これほどまでに普及・拡大した高校教育を今さら作り変えることもできず、入試制度やカリキュラムの再編などの高校改革を繰り返しながら迷走し、なかなか答えが見えない状況が続いています。しかし、その間にも高校教育に「結果」を求める声が高まり、これまで以上に学力や大学受験の実績に関心が向けられるようになり、それ以外の価値や意義が見失われる傾向が進んでいるように見えます。

しかし皮肉なことに、高校教育が学力によって定義されれば、ますますその意義が失われていきます。高校教育が大学進学によってその存在意義を見出せば、求められる役割は大学に進学できるだけの学力さえあればいいということになります。その結果、制度的には学習指導要領に準拠しながらも、それをいかに確実にこなすかということよりも、大学入試の出題傾向の分析とその対策に重点を置かざるを得なくなり、高校独自の教育を貫くばかりでは結果につながらないジレンマが生じます。その一方で、大学入試の現状は、推薦入学がどんどん拡大し、大学進学に求められる学力基準はこれまで以上に曖昧になり、高校教育の意義を脅かしています。大学の教育現場からは大学生の学力低下を嘆く声が上がり、それは高校教育に対する不満や批判とも受け取れますが、元はといえばがむしゃらに学生を確保するためにそんな学生を入学させたのは大学側の判断であるわけで、大学の言い分は責任転嫁も甚だしいと言わざるを得ません。

大学生の多様化の原因を高校教育の劣化のせいか気まぐれな大学入試のせいかと言い争っても所詮は水掛け論で、そこから得られるものは何もありません。どちらにしても、大学に入れる学力という基準で高校教育を定義することはできないということです。つまり、世間が信じてきた高校教育の基準はすでに完璧なまでに崩壊しているというのが現実なのです。それに対して無理やり辻褄を合わせるような高校改革は無意味である以上に有害ですらあり、その最大の被害者はいうまでもなく高校教育を受ける高校生たちです。意味のない形骸化した学力の幻影に支配され、偏差値序列の中のどこかに位置づけられるだけの高校教育は百害あって一利なしです。

もはやこれまでの高校改革の議論の延長線上であらためて高校教育の意義や目的を見出していくことには無理があり、根本的に異なる発想や価値観が求められているのです。そのことに気付かなければ、これまでどおりに子育てを教育に任せておくことは、親としての大切な責任を果たすことを不可能にします。私たちはそろそろ無責任な常識から解放されて、本当に子どもたちの成長に役立つ高校教育を考えなければなりません。

3 せっかちな高校教育

学校教育に依存した子育てでは、子どもがすべきことや具体的な目標がはっきりしている点でわかりやすいかもしれませんが、学力を基準にした枠組みに合わせなければならない点では窮屈になることがあるかもしれません。テストのスケジュールで学校生活が規定され、その結果に応じて学習の課題が組み立てられ、家族もその生活に付き合っていかなければなりません。また、大学進学がいっそう普及したことで、高校受験が終わればすぐに大学受験を目指して努力をし続けなければならず、息つく暇もなくいつも勉強に追われているうちに本来の発達課題が見落とされてしまうこともあります。典型的な例としては、思春期に入って親や学校に反抗的になることは発達的にはきわめて自然なことですが（いわゆる反抗期）、「こんな勉強しても意味がない」などと反発して本当に勉強しなくなれば、成績は下がり志望校への合格が危うくなりかねません。結果を出すためには、思春期の気まぐれな発達課題に付き合っている暇はありません。

何が何でも学校のいうとおりにすることが求められれば、思春期の真っただ中の中学生や高校生の学校生活が破たんしたとしても無理もないことです。それほどまでに学力が支配する学校教育は制度ばかりが独り歩きして、子ども側の事情などそっちのけで結果を求めるために効率化され、発達的にはとても不自然で無理のある形になっていると思われて仕方ありません。しかし、高校に行かなければ生きていけない社会では、不登校であっても、非行であっても、学校教育から逸脱したままでは許されず、どうにかして学校に戻らなければなりませんが、戻った学校が元の学校と同じであれば、また破たんしてもおかしくありません。

大人への移行を控えた思春期には、さまざまな意味で時間的な猶予と試行錯誤が必要になりますが、1年ごとにコマを進めていかなければならない学校教育制度は、ゆっくり待ってはくれません。いつまでもぐずぐずしている子どもの背中を押すことも教育には必要ですが、自分探しの迷路に迷い込んだ思春期の子どもを無理に急かして納得のいく答えが見つかるものでもありません。それどころか、高校教育が目に見える成果を追求すればするほど、何もかも前倒しにするせっかちな教育になります。高校に入ったと思ったらすぐに修学旅行というおかしなことが、今ではふつうの光景になっています。思春期の育ちを守るためには、せっかちな高校教育に流されないように注意しなければなりません。

高校生が自分は何をしたいのかと思い悩むことは思春期の重要な発達課題ですが、進学校の進路指導では早い段階で何はともあれ志望校を決めることが求められます。とりあえず「みんなが行くから」ということで高校に進学しても、高校を卒業したらどうするかは人任せにするわけにはいかず、自分でしっかりと考えて決めなければなりません。高卒後の進路はどんな仕事に就いて生きていくのかに関わる重大な判断ですが、まだ自分がはっきりと見えていない思春期の子どもたちには大変な作業で、なかなか具体的なイメージをつかむことができません。「家業を継ぐ」という伝統が残っていた時代には、自由に進路を選ぶことができない理不尽もありましたが、現在ではほとんどの親は子どもの希望を最大限に尊重して口を挟むことはなくなっているので、子どもたちはまったくのゼロベースから自分の進路を考えなければなりません。進路を自由に選べることは素晴らしいことである反面、まだ自分がはっきりと見えない段階で具体的な生き方を決めることは簡単なことではありません。

進学校にかぎらず高卒後の進路として大学や専門学校への進学が優勢になった現在では、「とりあえず進学」という選択がますます増えていますが、進学後も「とりあえず」のままで学生生活を送ったとしても、そこから将来の大人としての生き方が見えてくるものでもありません。つまりは体のいい問題の先送りであり、自分探しの旅は成人後まで持ち越されることになってしまいます。少しでも偏差値の高い大学に入れば明るい未来が開けるだろうという思い込みでがんばって人が羨むような名門大学に合格しても、「とりあえず」の進学ではモチベーションがともなわず、無気力になって中退してしまうこともあります。

本来は、思春期の問題は思春期のうちに対処するべきものであり、どんなときでも学校が優先されるものではありません。自然な発達過程を進むことが学校教育で大きな不利になるようでは、何のための教育なのかわかりません。発達的な視点から思春期の学校教育のあり方について考えてみることはとても重要です。

4 北星余市のメッセージ

第3章と第4章で詳しく紹介した北星余市の教育実践は、これまでの常識とは別の視点、すなわち高校生活の中で思春期の育ちを経験する子どもの視点から高校教育をあらためて考え直すための貴重な示唆に富んでいます。そこからは、すべての子どもが高校に行く、というよりも行かざるを得なくなった時代の高校教育のあり方と役割が見えてきます。自分の存在が不確かになる思春期には、まずは安定した居場所を作り、大人への信頼と依存に基づく安心・安全感の中で、対人関係やさまざまな活動の経験をすることがとても大切で、学力を追求する以前に学びの基盤をしっかり作ることとの重要性を示しています。高校生として具体的な結果を出すことよりも、大人に向かって進み始めるための準備をしっかりとすることが重視されています。

そんなことは高校教育の本来の役割ではないと思われるかもしれませんが、すべての子どもが思春期を高校生活の中で過ごすようになった全入時代の高校教育では、高校がその役割から逃れることはできません。中にはそれを拒む高校もありますが、そこから排除された生徒たちもそこで高校を諦めるわけにはいかず、北星余市のような「底辺校」に転学してくるのが現状です。高校を卒業しなければ受け入れてくれない社会であるかぎり、高校が思春期の育ちをしっかりと受け止める場になることは当然の使命であり、その役割を確実に果たしていかなければなりません。それは「底辺校」だけでなく、すべての高校が等しく担っていくべき役割です。

学びの基盤づくりは卒業するための単位や大学受験の学力には直接関係がないかもしれませんが、現実的には足元を固めることなく結果だけを求めることはできません。大人になるまでの道のりの長さから見れば、高校の3年間はまだ始まったばかりのところで、具体的な結果にはほど遠い段階です。北星余市の教育は、まずは目の前の問題にしっかりと向き合い、安易に先送りすることがあってはならないことを教えてくれています。

北星余市の教育実践は、大学受験の実績がものをいうような競争的な高校教育とは異なる、いわば非競争的な高校教育の存在意義も伝えてくれています。事実上の義務教育になった高校教育は、すべての生徒が競争的な大学受験のレースに参加するわけではなく、目標は人それぞれに多様になるのが自然です。偏差値ランクによって「底辺校」と呼ぶこと自体が、学力という単一の尺度で高校教育を定義する競争的な教育観の表れでもあります。世間の人たちは、ともすれば「底辺校」の生徒たちは「勉強ができない」「頭が悪い」と勝手に思い込みますが、それは根拠のない偏見であり、いわれなき差別とさえいえます。この偏見が、「底辺校」の教育の価値と意義を理解することを阻んでいます。

たしかに「底辺」は入試の難易度を示す偏差値が低いことからきているために、偏差値の低い高校の生徒だから学力が低く、頭が悪いと誤解されても仕方ないかもしれませんが、「底辺校」にはそもそも競争的な教育に参加していない生徒がたくさんいます。つまり、塾に通って模擬試験を何度も受けるような受験学力の訓練を受けず、偏差値の高い高校を目指す機会がなかっただけの生徒がいることを忘れてはなりません。競争に参加しなければ何の結果も得られませんが、参加しなかった者は能力がないと決めつけられるものではありません。多くの人たちの思い込みこそが、高校教育を学力だけで定義する常識の根深さを物語っていて、偏差値で高校生を評価する以外の手段を持ち合わせていないことを如実に表しています。

実際に北星余市の生徒たちを見ていて「能力がない」とか「頭が悪い」という印象を持つことはほとんどありません。彼らの引き起こすトラブルや生徒指導の問題の多くは未熟さや経験不足からくるもので、無能力によるものではありません。それどころか、ホームルームや生徒会の活動では、驚くほどの才能を見せつけられることがよくあります。偏差値だけで未来のある若者を評価することは、とても恐ろしいことだと思います。

しかし、非競争的な高校教育を受けた生徒たちがいちばん困るのは大学進学であることは確かです。競争に耐えられるような学力の訓練を受けていないので、一般入試では歯が立ちません。いまや大学受験は特殊な技術とさえいえるものになっているので、高校だけで身につくものではなく塾や予備校の指導が不可欠になっています。そんな受験学力とは縁のない生徒たちはこれまではまさに門前払いでしたが、今では推薦入学の機会が広がったことで、希望すれば大学に進学することは十分に可能になりました。たしかに彼らは中学から高校にかけての学力の実績はありませんが、大学に行くモチベーションには確かなものがあります。北星余市の卒業生たちが「大学に入ってからは必死で勉強した」と言うように、高校教育の成果を大学で発揮することは十分に可能で、「底辺校」の実力は決して侮れるものではありません。

5 高校教育の再定義

高校教育の現状は、私たちが思っている以上に多様化が進み、これまでの常識では理解できないほど複雑な様相を見せていますが、その一方で依然として学力（偏差値）という単一の尺度による高校教育の評価が根強く残っていることで、高校生のニーズと高校教育の実態との間にギャップが生じ、そのギャップはますます開いてきているように見えます。にもかかわらず、これまでどおりの高校教育の建前を貫こうとすれば、「本当の」高校教育に適合するのはごく一部の生徒だけになり、それ以外の生徒たちはお情けで高校を卒業させてもらうような、ゆがんだ学校教育制度につながるに違いありません。すべての子どもたちが学ぶ高校が、すべての子どもたちにとって有用な教育の機会になるように、根本的に高校教育を考え直す必要があります。

多様な生徒の多様なニーズを受け止める高校教育であるためには、全国一律の均質な教育では対応することはできません。戦後日本の教育制度は、教育の機会均等を目指す平等主義をかかげて発展してきたので、制度的にはどの学校にも同じ規格の教育が求められることになっています。しかし、個性がはっきりし始めて多様性が大きくなる思春期に、誰もが同じ教育に合わせることは不自然なことで、表面上はうまく適応していたとしてもかなりの無理がともないます。均質な教育にこだわればこだわるほどドロップアウトのリスクが高くなることになりかねません。すべての高校生が小中学校のように同じ教育を受けるのではなく、一人ひとりの生徒の特性や希望に応じてどのような教育を受けるかが重要になります。

その点に関しては、高校教育は義務教育よりも多様性があり、全日制と定時制・通信制、普通科と専門学科のようなタイプを選択することができるようになっていますが、実際には全日制普通科が高校教育のスタンダードとして定着しているので、本当の意味での多様性とは少し違うような気がします。高校での職業教育が衰退しつつある現在では、普通科がますます優勢になることで、高校の多様性はどんどん失われつつあります。

教育課程の多様性があったとしても、日本の高校教育は単一の制度であることには変わりありません。つまり、どのような種類の高校であっても、すべて正規の高校教育であり、卒業生の学歴が区別されることはありません。たしかに制度的にはシンプルでわかりやすいのですが、実際には偏差値ランクによって高校は類型化され、それぞれの教育の実態は大きく異なり、とても同じ高校教育とは思えない現実は、誰もが認める暗黙の了解でもあります。表向きは同じ高校教育と言いながら中身はまったく違うという、矛盾に満ちあふれた制度になっています。どの高校に入るかでその後の人生が左右されるほどの違いがあるとすれば、高校教育の現状は決して単一の教育制度といえるようなものではなく、種類の異なる学校教育が併存する複線型の教育制度というほうが適切とさえ思われます。

とはいえ、ここで高校教育制度を議論していてもキリがないので、より現実的に高校教育をとらえ直していくとすれば、制度としての高校教育という視点ではなく、高校教育を受ける生徒の視点から再定義するほうが合理的かと思われます。つまり、高校教育という制度の枠組みを根本的に変えることはできないとしても、その中ですべての生徒が同じ高校生活を送るということではなく、それぞれの希望や目標に応じて多様な高校生活を可能にすることで、高校教育の意義を見出すことができるかもしれません。

実際に、同じ高校でありながら多様な高校生活が共存するスタイルは、主に私立高校で広がってきています。野球やサッカーなどのスポーツで全国大会に出場するような私立高校の多くは、スポーツ推薦や特待生制度を活用して有望な選手を集め、競技に集中できるようなカリキュラムを用意して結果を出しています。その一方で、難関大学への現役合格を目指す特別進学コースも持ち、教育課程としては全日制普通科といっても、その中で目的に応じて多様な高校生活ができるようになっています。建前ばかりの学校教育制度をしり目に、高校教育の現場では生徒のニーズに応じた柔軟な教育がすでに行われるようになっています。

北星余市のような「底辺校」の教育実践は、スポーツで全国的に有名になったり、難関大学への合格を誇ったりするような華々しさはありませんが、もうひとつの高校教育の要素としての存在価値はたしかにあります。第4章で詳しく説明したように、「底辺校」の教育は、高校教育の基盤づくりに重点を置いたもので、さまざまな困難や課題を抱えた生徒たちが高校教育を受けるための基礎を固める役割を担い、全入時代の高校でますます重要な教育モデルになってきています。それは思春期から大人への移行支援としても期待されることから、すべての高校生に求められる要素でもあります。

このような高校教育の現状からも、高校教育は決して学力という単一の尺度で定義されるものではなく、高校生の多様なニーズに応じていけば必然的に多次元的な定義にたどり着きます。これまでの議論を踏まえて考えると、高校教育は少なくとも以下のような三つの次元で構成できるのではないかと思われます。一つ目は従来から高校教育の中核である学力の次元、二つ目はスポーツや芸術などの特定の領域の能力を向上させるようなパフォーマンス(あるいは特技)の次元、そして三つ目に高校生活の基礎を固め、大人への移行の足がかりを作る援助となるような基盤支援の次元です。従来からの専門学科での職業教育については、特定の領域の能力ということでパフォーマンスの次元に入れることができます。

これらの高校教育の三次元モデルは、**図4**のような三角形で示すとわかりやすいかと思います。学力にしてもパフォーマンスにしても、高校生活の基盤がしっかりとしていなければ結果

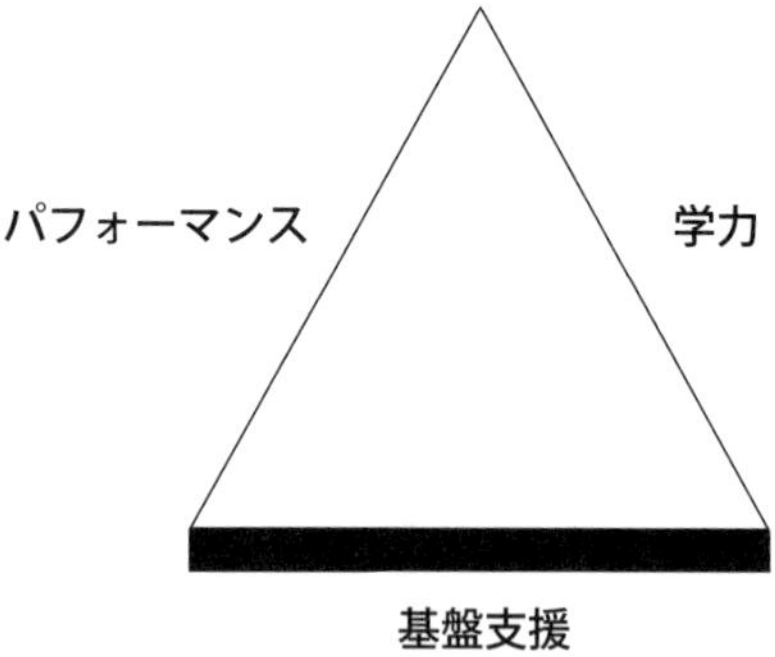

図４　高校教育の三次元モデル

を出すことができないので、そのどちらにも共通する必須の要素として基盤支援の次元が三角形の底辺に位置づけられます。その上で、それぞれの目標によって学力や能力を高めていくことになります。そのため、三角形は必ずしも三辺が等しい正三角形である必要はなく、難関大学を目指すのであれば学力の次元が強調され、スポーツで結果を出そうとすればパフォーマンスの次元が優勢になりますが、いずれにしても底辺の基盤支援がしっかりしていなければならないので、基盤支援はまさに高校教育の土台という位置づけがもっとも適当かと思います。その意味を込めて、**図４**では底辺を厚くしています。

また、三角形の底辺として目に見える高校教育としての学力やパフォーマンスを支えている基盤支援が、いわゆる「底辺校」の得意とする教育であるという意味では、このモデルは「底辺校」の意義や価値をわかりやすく伝えるものでもあります。偏差値序列の「底辺」ということで評価されない「底辺校」が、このモデルでは高校教育のもっとも重要な機能を持つ高校として再評価されることになり、「底辺」のイメージを変えることも期待できます。

これらの三次元のバランスは高校によって異なり、それが高校の特色になりますが、底辺だけはしっかりと保持することが重要になります。高卒後に大学や専門学校に進学することが主流になり、本格的な大人への移行が先送りされる傾向がある現在では、基盤支援の次元の意義は大きくなっています。高校が学校教育の出口ではなくなったので、高校でしっかりと土台を固めてから次のステップに進むことは理にかなっています。高校教育にこの次元を加えることで、高校は中学校と大学の狭間の中途半端な教育ではなく、しっかりとした固有の意味を持つ教育として再認識することが可能になります。

6 どうして高校に行くのか

常識的な学力だけを基準にした高校教育から抜け出して、パフォーマンスと基盤支援の次元を加えた多次元モデルで高校教育を再定義することで、一人ひとりの高校教育の意味が整理されて、本書の基本的なテーマである「どうして高校に行くのか」という問いの答えに近づけるかもしれません。

しかし、これまでの議論を踏まえてあらためて考えてみると、この問い自体が「高校は義務教育ではない」という信念から出てきていることに気付きます。義務教育である小学校に入学する子どもに「どうして小学校に行くの？」と問いかけることはありません。強いて訊くとすれば「小学校に行ってどんな勉強がしたい？」という問いはあるかもしれません。つまり、小学校での目標を尋ねることはあっても小学校に行く目的は訊くまでもないことです。なぜなら、小学校には否が応でも行かなければならないので、いちいち本人の意志や目的を確認するまでもないからです。

それに対して義務教育ではない高校に進学するからには本人の意志があるはずなので、「どうして」という理由を問うこと自体に違和感はありません。むしろ何の目的もなく高校に進学するのでは、「やる気があるのか！」と喝を入れられかねません。しかし、高校教育の現状はほぼ義務教育と変わらないので、高校を選択する余地はあっても高校進学自体はいちいち本人の意思を確認するまでもなく、当たり前のことになっています。たとえ高校に行く意義を見つけられず、正直に「高校には行かない」と言ったところで、親も教師もまともにとりあってはくれません。義務教育化した高校には、もはや進学する動機や理由などどうでもいいことであり、真剣に考える問題ではなくなってしまいました。「みんなが行くから」とか「行ったほうが良いと思うから」というような曖昧な理由であっても、それが咎められるものでもありません。

となると、高校生に対しても小学生への質問と同じように「高校にいってどんな勉強をしたいか」という問い、より高校生らしく訊くとすれば「高校で何を学びたいか」という目標が問題になることになります。つまり、事実上の義務教育になっている高校教育では「何のために」という目的意識以上に、どんな高校生活をしたいかという、高校に対する希望や目標を持つことが大切になってきます。先ほど示した高校教育の三次元モデル（**図4**）は、まさにこの高校生活の目標として、どんな高校生活を作っていくのかを見つける手がかりとして役立つことが期待されます。自分自身で納得のできる高校生活を見つけ出すことができれば、それはかけがえのない経験になり、有意義な時間になるに違いありません。それこそが高校教育の真髄ではないでしょうか。

しかし、現実的には高校教育制度は一人ひとりの生徒の希望に沿ってくれるほどの柔軟性はなく融通がきかないので、明確な目標設定があったとしても思うように高校を選ぶことは容易なことではありません。たしかにそれぞれの高校にはそれぞれの特性があり、希望に応じて選ぶことはできますが、だからといってどの高校にでも行けるというものでもありません。国公私立を問わず数多くの高校があり、なおかつ公共交通網が整っている大都市圏であれば、実際に高校の選択肢はかぎりなく広がり、そこから1校を選ぶのは大変な作業になりますが、それ以外の地方では高校の選択肢はぐっと狭くなります。限られた交通手段の範囲で自宅から通学できるのはせいぜい2〜3校で、事実上選択の余地がない地域すらあります。通学の可能性に加えて高校入試という関門もあるので、選択肢の多い大都市圏も含めて、実際には高校の選択肢は住んでいる場所と学力によってかなり絞り込まれることになり、あまり期待を膨らませても虚しいだけになるかもしれません。

結局のところ、与えられた条件の下で高校教育を受けなければならないとすれば、自分の希望をすべて高校に託すのではなく、希望どおりの高校ではなくても、入学した高校で自分の目標を定めて高校生活を作り上げることが大切になります。しかし、高校に入ったばかりの高校生が明確な目標を持つことは簡単なことではなく、むしろ何を目指せばいいかを迷ってもおかしくありません。思春期を彷徨う高校生の時期は、迷いながら試行錯誤することが高校生活の目標であってもまったく問題ありません。「どうして高校に行くのか」という問いに対する答えは人それぞれで一人ひとり違うのが当然で、それを裏返せばこれこそが正解という答えはないということになります。あくまでも自分自身の体験を大切に高校3年間を過ごすことができれば素晴らしいことではないでしょうか。高校教育は学校のためでも親のためでもなく、それを経験する一人ひとりの生徒のためのものであることを忘れてはなりません。

7 有意義な高校教育を目指して

私たちが子どもたちの多様なニーズと実際の高校教育の現状を踏まえて高校教育を再定義し

たところで、それがただちに高校教育制度を変えていくことにはならないかもしれませんが、だからといって子どもたちの個々の努力に頼ってなんとか切り抜けていくのを見守るだけでいいはずがありません。子どもたちにとって有意義な高校教育を作り上げていくために努力することは、親をはじめとする大人たちの重要な役割であり、責任でもあります。

幸いなことに、教育を変えていくことに対して親は決して無力ではありません。学校教育は学校教育法や関連する法令によって細かく規定されている制度なので、一市民である親の要望だけで簡単に変わることはないと思うのは当然かもしれませんが、そもそも教育というものは曖昧なところがあり、絶対的な基準や根拠があるわけではないので、「これが正しい教育だ」といって押し付けることは誰にもできません。そして実際に、これまでの学校教育の歴史を振り返ると、子どもや親のニーズによって教育は大きく変わってきた事実がたくさんあります。

たとえば、不登校児童生徒への対応として現在では保健室登校が認められるようになり、教室に入ることができなくても保健室に来ることができれば出席として扱うことができるようになりましたが、もともとは不登校の子どもたちがかろうじて保健室に居場所を見つけたことから広まったもので、学校側が不登校への対応として用意した制度ではありません。つまり、子どもたちが作り出した支援を学校が追認した形になります。同様に、不登校の子どもたちが通うフリースクールも本来は正規の学校教育ではありませんが、保護者や関係者の強い要望によって現在では学校長が認めたものについては出席扱いにすることができるようになっています。さらには、教育委員会もフリースクールのモデルを真似て、学校外に適応指導教室を開設して、不登校児童生徒への支援を広げる努力をするようになっています。このように不登校に関連した制度には、教育行政が主導したというより、子どもと保護者の努力によって制度を作ってきた例がたくさんあります。

高校教育に関連するところでは、たとえば偏差値による進路指導は高校受験に対する受験生とその親の不安を和らげるために開発され普及したもので、もともとは偏差値によって生徒を輪切りにしたり高校のランク付けをしたりするためにできたものではありません。また、公立高校に私立高校に負けない大学進学実績を求めたのも保護者や地域の大人たちで、高校側はむしろこれまでどおりの伝統的な教育を続けたかったのが実情です。善きにつけ悪しきにつけ、学校教育は親や世間の要望に応える形で、その姿を大きく変えてきています。

公立に比べて私立の学校は子どもと親のニーズにより敏感で、次から次に新たな試みを取り入れることで生徒を集め、難関大学の合格者数では公立高校を大きく引き離して、その名をとどろかすようになっています。私立に押されっぱなしだった公立学校も、私立学校のノウハウを取り入れて中高一貫教育の中等教育学校を設立して、先行する私立高校に必死で追いすがろうとしています。しかし、ここまで露骨な私立との競合を見ると、子どもや保護者の要望を取り入れた民主的な改革というよりは、むしろ市場原理に基づく生徒の獲得合戦のように見えて仕方ありません。

それでも、このような学校教育の変遷過程は、私たちの思いが強ければ具体的な教育に反映されることを十分に期待させるものがあります。一人ひとりの親が高校教育は学力や大学受験の実績だけで評価されるものではなく、大人への移行に向けた重要な育ちの場でもあることを認識し、それを社会に広めていくことで高校教育は子どもたちの本当のニーズに沿ったものに発展していくことができるに違いありません。その実現を見届けるまで、有用なノウハウがいっぱい詰まった教育実践である、北星余市のような「生きた化石」を私たちは守り通していかなければなりません。

終章

今ここからのスタート

1 子育ての目標

これほどまでに学校教育が普及し、子育てと切っても切れない関係になってくると、子どもというものは学校に行っているということで定義してもいいのではないかとさえ思われてきます。つまり、学校に行っている間は子どもであり、卒業するにせよ中退するにせよ、学校から出てしまえば子どもではなくなるということですが、学校を出たことで必ずしも大人になるということでもありません。子どもは学校に行っていることで、さまざまな「特権」（たとえば、働かなくても親に養ってもらえる）を享受することができます。しかし、子どもにとってはいいことばかりではなく、学校に行っているかぎり好きでも嫌いでも勉強しなければならず、子どもたちには理不尽とさえ思えることもある校則に縛られることになります。子どもでいるのも気楽なものとはかぎりません。教師に反発して学校を飛び出しても、高校を卒業していなければ社会にまともに受け入れてもらえず、その代償はあまりにも大きいものになって返ってきます。さらには、学校に行かなくなれば、子どもとしての特権もなくなり、困難は深まるばかりになります。それほどまでに学校は子どもの育つ場として大きな意味を持つようになってきています。

学校教育が子育てと一体化したことによって、子どもの評価は学校での成績や学歴に支配されるようになり、知らず知らずのうちに親も競争的な教育に巻き込まれ、いつのまにか子どもの成績や受験が子育ての中心を占拠するようになってしまうものです。競争的な教育は有名私立小学校を目指す「お受験」に始まり、それ以外にもさまざまな幼児教育が広がり、今では小学校に入るまでにひらがなや数字だけでなくアルファベットもだいたい習得する子どもも珍しくありません。それはすべての子どもに機会の均等を保障する義務教育の観点からは、「抜け駆け」といえるかもしれませんが、子どもの教育は人それぞれになり、まさに自由競争の様相を呈しているといってもいいかもしれません。

現在の子育てでは、早期からの学習だけでなく、野球、サッカー、水泳などのスポーツやピアノ、バイオリンなどの音楽を習わせることも多くなっていますが、いずれにも共通することは「習う」という言い方をすることです。英語や楽器を習うのはまだしも、子どもが野球やサッカーをするのは「野球をして遊ぶ」「サッカーを楽しむ」というのが本来ではないかと思いますが、今では子どものあらゆる活動が教育と同じような方法に支配され、やはり結果を追求する競争的な性質が強まっているように見えます。試合やコンクールなど、結果が目に見える仕組みがあることで、目標が設定され、それに向けて努力することが求められます。学校教育だけでなく、子育ては目標で溢れています。

目標を達成することは嬉しいことですが、往々にしてひとつの目標を達成してもすぐに次の目標が設定され、さらに上を目指す努力が続くものです。大きな目標ほど達成感が大きいだけでなく、周囲の人たちから賞賛されたり、メディアにも注目されたりすることで、さらにモチベーションが上がります。中学生や高校生でオリンピックに出てメダルを取れば、日本だけでなく世界中からも注目され一躍時の人になり、まさに人生の絶頂を迎えたような気持ちになることでしょう。まさに日本一、世界一の子どもと誰からも思われ、そんな子どもを育てた親にも関心が向けられることがあります。

しかし、どんなに素晴らしい成果であっても、子ども時代の成果は人生の途中経過であることに注意しなければなりません。子どもとしての完成形はなく、子どものうちに人生の結果が出ることはありません。それこそが子どものもっとも基本的な定義、すなわち子どもとは「未完成な存在」であり、どんな結果も他の子どもと比較して優劣を決められるものではなく、ある時点での結果で能力や可能性を決めつけるものでもないということです。何でもかんでも競争的な教育の構造が子育てに入り込むことで、私たちは子どもを具体的に目に見える結果で評価するようになり、いつしか子育ては具体的な目標に向けたレースのようになってしまいました。

東大に合格したとしても、甲子園で優勝したとしても、あくまでも子どもとしての達成であり、人生のゴールではありません。それを裏返せば、華々しい結果がないことが、人生の敗者ということではないということになります。子どもの成長パターンは人それぞれで、早くから才能を発揮する子どももいれば、ゆっくりと成長し後から能力を発揮する大器晩成型の子どももいます。学年で区切られた学校教育は学年の平均を基準に評価しがちですが、それは誰もが均質に成長していることを前提とした評価であり、必ずしも一人ひとりの子どもの能力を正しく評価しているとはかぎりません。学年ごとの集団で評価することは、必要以上に子どもを傷つける結果になることもあり、慎重でなければなりません。

子育ての目標はあくまでも子どもが大人になることです。どんなに素晴らしい子どもとして育ったとしても、子どもは子どもで終わるものではないことはいうまでもありません。子ども時代の成果を踏まえて、大人になることを見届けることが子育てのもっとも重要な目標ではないでしょうか。それはあまりにも当たり前のことで、いまさら確認するまでもないことかもしれませんが、現在の子育てにはびこる競争的な成果主義は、こんな当たり前のことさえ見失わせるほど、目先の具体的な目標に煽られやすく、それが学校教育をも支配しつつあります。成果を求める教育は大学受験を照準にしてどんどん前倒しされる風潮の中で、受験が子育ての目標であるかのように思わされやすくなっています。しかし、子育てのゴールは子どもが大人になることであることは昔も今も変わりません。目標に向かって努力することは大切ですが、子どもでいる間の目標はすべて仮のゴールにすぎません。本当のゴールは大人になることで、私たちは目先の目標ばかりにとらわれず、大きな目標を見失わないように気をつけなければなりません。

子どもの定義は「学校に行っていること」である以前に、「未完成な存在」ということであり、必然的に子育ての目標は「良い学校に入ること」ではなく、あくまでも「大人になること」ということになります。

②　大人になること

子どもにとっても思春期の最終的な目標は大人になることに変わりはありません。大人になることは同時に思春期が終わることを意味します。現在では大学や専門学校に進学することで学校教育が長期化したために、大人になるのがこれまでより遅くなり、なかなか思春期が終わらない傾向が見られます。結果的に思春期と大人の中間のような、新たな時期が生まれ、若者の生き方は大きく変わってきています。

子どもと大人の間に挟まれて、体は大人と変わらないほどに成長しても精神的にはまだ未熟な高校生は微妙な存在ですが、それでもまだ大人ではないことには違いありません。社会的にも高校生であるかぎり大人としては見てくれませんが、今やコンビニや外食産業ではアルバイトの高校生がいなければ回らないほど、大人同様の労働力としての存在になっているので、現実的にはさらにわかりにくい存在になっています。しかし、多くの高校生はアルバイトで経済的に自立しているわけではないので、やはり大人とは言い切れない中途半端な存在といえます。いずれにしても、まだ「未完成の存在」であり、成長過程としては大人に向かいつつある時期、つまり大人への移行期にあるということになります。

親が子育てで目指すべきものと同様、子どもにとっても目指すべきものは大人になることでなければ、子どもは永遠に思春期から脱出できません。もちろんいつの時代も大人への道は平坦ではなく、悩みや苦労が多いものですが、それに加えて現代社会は大人になるということが不鮮明になり、目指すべき目標がぼやけてしまうことで、何をどうがんばればいいのかがわからず、さらに混乱し、悩みは深まるばかりです。だからこそ、学歴や資格への依存がさらに強くなります。

かつて大人になることはそれほどわかりにくいものではありませんでした。典型的には、学校教育を終えて、仕事を持ち、結婚して自分の家庭を持つのが大人のイメージで、それが社会の常識でもありました。それが今では、教育が長期化し、就労形態が多様化し、非正規雇用が増えたことで職業生活は不安定になり、晩婚化や非婚化が進んで、大人としての生き方はますます多様化しているので、大人になることを定義するのは非常に難しくなっています。目指すべき目標が多様になれば、そこに至る道のりも必然的に多様になります。つまり、さまざまな大人としての生き方に対して、さまざまな大人への移行があるということになります。少し前の世代のように、大学（あるいは高校）を出て就職、そして結婚というような単純なものではありません。

法律的には18歳または20歳になれば大人として扱われることになりますが、社会的には必ずしも大人としての役割を果たせる段階にはありません。20歳で成人式を迎えることで大人になったと誰もが認めるほど単純なものでもありません。もともと子どもと大人の境界は不明確なので、成人式のような儀式でけじめをつけて「今日から大人の仲間入り」という線引きをするのも合理的ですが、まだ学校教育の中にいて大人の世界で生活したことがない状況では、「今日から大人」と言われても現実感がともないません。

不確かな時代だからこそ、より確かな道筋や手がかりが求められます。そこに学校教育が存在感を示します。とにかくベストな教育、得られる最高の学歴、さらには資格も学校教育がもたらす、より有利な大人への移行の切符になります。まるで学校教育が大人への道を決めるかのように受け止められ、誰もが有利な道に乗ればうまく大人になれることを期待します。しかし、たとえ目標の大学に合格したとしても、そこに向けてがんばってきた親にとってはやり遂げたという達成感があるかもしれませんが、それはあくまでも大人への移行の入り口にすぎません。つまり通過点であり、本当のゴールはまだその先にあることになります。大学受験があまりにも大きな目標になると、それが子育てのゴールのように思われますが、決して本当のゴールではないことに注意しなければなりません。

たしかに日本の大学は所定の修業年限（4年制の大学であれば4年間）で卒業する率はおおむね9割程度あるので、入学することができれば卒業したも同然と思うのも無理はありません。そのため、本来であれば大学を卒業して就職するところが本当の大人への入り口であり、学校教育のゴールということになりますが、大学受験があたかも人生のゴールであるかのように思うのもわからないでもありません。

問題は教育から仕事への接続です。大学を卒業しても確実に安定した職を得られるとはかぎらず、教育が終わってからの本当の大人への移行の途中で道が途切れて「難民化」してしまうこともあります。「フリーター」「ひきこもり」「ニート」など、時代によって呼び方は変わっても、これらの現象は決して若者の風俗や個人の病理ではなく、その本質は大人への移行のトラブルです。大人への移行はますます複雑・多様化し、長期化する様相を見せていて、教育だけで解決できるほど簡単なことではありません。そんな厳しい時代に大人になっていくためには、ただ単に大学に行けばいいのではなく、より確かな学びで大人への道を進むことができるように、高校での土台づくり、つまり大学や仕事へのモチベーションをしっかりと持つことが大切になります。形だけの学歴では大人への移行の推進力にはなりません。

3 親の役割

大人への移行は、親にとっては子育ての総仕上げの段階です。学校教育だけに任せておいて親の役割がおろそかになってはいけません。ところが、このもっとも重要な子育ての時期である思春期に、親は子どもから手を引いてしまうことがあり、それを世間も容認する風潮さえあります。「もう高校生なんだから、いつまでも親頼みではダメ」というように子どもの自立に期待したり、親が口を出すのは過保護になるのではないかと心配したりして、あえて子どもから手を引くこともあります。さらには、思春期になれば親よりも友だちが大切など、親が子どもから手を引く口実はいくらでもあります。しかし、この人生でもっとも重要で不安定な時期を子どもだけに任せられるものではなく、むしろそれまで以上に親の必要性は高くなっても不自然ではありません。

子どもは子どもであるかぎり親を必要とします。まだ学校に行くようになる前の乳幼児であれば、親が食事や身の回りのことを直接的に世話をしなければならないことは当然ですが、だんだん大きくなって自分のことは自分でできるようになってくると、親の子育ての手間は少なくなるように見えます。しかし、直接的な世話は減っても、「片付けなさい」「宿題はしたの?」「ゲームやめなさい」とあれこれ口で言うことは増えるので、決して子育てが楽になるわけでもありません。さらに思春期になって行動範囲が広がり、親への反抗も出てくると、子どもはさらに親を頼らなくなり、もはや親を必要としなくなったかのように見えることさえあります。それでも本当に親が必要でなくなったのではなく、それまでのような直接的な関係からより間接的あるいは心理的な関係に変わる、つまり親子関係の質が変化しただけで、子どもが親を必要とすることは思春期であっても同じです。何かと反発することが多くなっても、それも頼ることができる親がいてこそできることで、親への依存心がなくなれば安心して不満をぶつける相手もなくなり、行き場のない怒りをため込むことで激しい逸脱行動につながることもあります。

何を言っても反発する子どもに「勝手にすればいい」と見放せば、子どもはさらに友だちの世界にどっぷりと浸かり、ますます家に寄り付かなくなります。親に見切りをつけたとしても、だからといって誰にも頼らず一人だけでは不安になるので、友だちを頼りにするしかなくなります。友だちにしがみつくことで、とりあえずは闇夜を彷徨うような不安から逃れることはできますが、自分と同じような未熟で不確かな友だちを頼りにしたところで、所詮は一時的な安心にすぎず、さらに混乱が深まることは目に見えています。

ただし、思春期の友だちの重要性が否定されるものではなく、発達的にも思春期は信頼できる親友を持つことで、社会的な基盤を作っていくことはとても重要です。高校時代に生涯の親友と出会うことはかけがえのない体験です。しかし、親や大人とのつながりが失われたところでの友だちへの依存は、非常に不安定な関係になり、社会的な基盤づくりに逆行するような、いじめ、暴力、非行などにつながりやすいので注意しなければなりません。これについても、北星余市の職員室のように、大人が介在する場での仲間づくりが大切で、安定した基準として大人が存在することで安全な友だち関係を育むことが可能になります。

子どもが大人になるまで、親は子どもから手を引くことがあってはなりません。制度としての高校教育は、ただでさえ不安定な子どもたちの集団を引き受けていくためにはどうしても管理的にならざるを得ません。しかし、管理が強調されれば生徒は大人である教師から離れていき、さらに不安定になっていく悪循環に陥りやすくなります。どの高校であっても、どんな教育を受けていくにしても、親や教師などの子どもに責任を持つ大人たちがしっかりと存在しなければ、子どもの成長にはつながりません。

親との関係がぎくしゃくする思春期こそ、親以外の大人が重要になってきます。子どものことをよく知っていて気にしてくれる大人が多ければ多いほど、子どもの思春期の育ちは安定し豊かなものになります。大人への移行は子どもの世界から大人の世界への移行なので、大人がいない場ではとうてい無理な課題です。かつては思春期になる前に学校教育が終わり、思春期を大人たちの中に混じって過ごしていたものが、思春期がすっかり学校教育に吸収された現在では、ともすれば大人の存在がとても薄い子ども集団の中で思春期を過ごすことになるので、大人になるための学びは非常に制約されることになります。

その意味でも、北星余市のような教師や寮下宿の管理人のおせっかい焼きで面倒くさい関わりは、思春期の育ちにはとても重要で貴重なものです。不安定で先の見えない道を進まなければならない子どもにとって、灯台のように方向の基準になる大人の存在は安心感と安全感につながります。どんなに大人に反発しても、大人が子どもから手を引けば、彼らの大人への移行は大きな危険にさらされることになります。

ほとんどすべての子どもたちが思春期を高校で過ごすようになったことで、高校教育の役割が重要になってきたことは本書で繰り返し強調してきましたが、より困難な生徒たちと向き合ってきた北星余市のような高校でも、生徒たちの思春期の育ちを教師だけで支えられるものではありません。もちろん、教師は高校教育の中核であることには違いありませんが、そこに寮下宿の管理人や保護者、さらには地域の大人たちがしっかりと手を組んで協力してこそ、北星余市の教育実践が成り立っていることを忘れてはなりません。

4 「もう手遅れ」ではない

何もかも前倒しにして先を急ぐ「せっかちな教育」は、「もう手遅れ」になって後悔しないように、子どもだけでなく親も追い立てます。学力は基礎的なものから着実に積み上げていくものと信じられているので、早い段階で脱落してしまえば、あとからどんなにがんばっても追いつけないという不安が募ります。中学3年の夏休みまで部活に打ち込んで塾にも行っていなかった子どもが、二学期になっていきなり受験勉強をしたところで「もう手遅れ」と言われても仕方ありません。やりたいことに熱中したことの代償は自己責任ということになります。

思春期の問題行動に対しても同じようなことがいえます。思春期の激しい感情や行動に「手に負えない」と圧倒された大人たちは、脅してもおだてても変わらない子どもに疲れ果てて「もっと早く手を打っていれば」と肩を落とします。思春期になって突然問題が出てきたように見えても、注意深く振り返ればいろいろな前兆があることが多いので、もっと早く対処していればここまで問題がひどくならなかったかもしれません。しかし、「もう手遅れ」と諦めて見捨てるわけにはいきません。もっと早く手を打っていればこんなことにならなかったとしても、だからといって目の前の問題を放っておいていいはずはありません。

親や教師では手に負えなくなると専門家の力に頼らざるを得なくなることがありますが、思春期の問題行動を医療化や心理化で対処しようとすると、かえって「もう手遅れ」という諦観が誘発されてややこしくなることもあります。専門的な支援では、まずは問題の原因やそれが持続している要因を明らかにすること（つまり診断）に基づいて、合理的な介入（つまり治療）を行うことが基本になります。原因を探求するためには生育歴や生活上の出来事を詳しく調べなければならないので、どうしても過去を振り返ることが多くなります。原因が見つかったとしても、今からではどうしようもないことであれば、その時になんとかしていればという思いが無力感につながりやすくなります。専門的な支援に際しては気持ちが後ろ向きになりすぎないように注意しなければなりません。

早い段階での介入が効果的であったとしても、現実的には問題がどうしようもないところまできて初めて援助が始まることのほうが圧倒的に多いものです。思春期に顕在化する学力の問題にしても、情緒や行動面の問題にしても、問題がそれなりに大きくならないと具体的に対処されることはなかなかありません。たしかに、思春期になって顕在化してくる問題への対応には困難がありますが、それを支援ニーズの顕在化ととらえ直せば、支援のチャンスにもなります。人生の大きな転換点である思春期は、不安定でリスクの高い時期であると同時に、子どもをしっかりと見守って支える保護的な機序があれば、リスクの高い生活から適応的な発達経路へ方向転換することができる、とても重要な支援の好機でもあります。発達的に思春期はそれまでの親に依存的な生き方から自分らしさを求めて大きく変化する段階であり、いったん途絶えた道の先に新たな道を見つけるような不連続な時期です。それは不安定で危険な時期であると同時に、過去を一掃して自分を変える大きなチャンスにもなります。

しかし、それまでの考え方や行動が大きく変わる思春期の不連続性は、小学校から大学まで連続的に進んでいく学校教育には大きなリスクになります。思春期の問題は不登校や逸脱を招くことで、高校進学が難しくなったり、留年や中退などで高校教育からドロップアウトしたりする要因になります。そうなってから「もう手遅れ」と諦めて、大人が手を引いてしまえば最後のチャンスからも見放されます。学校を離れてしまえば支援の機会は著しく減る現実を見れば、高校教育は大人になる前の段階でケアされずに積み残されてきた課題に向き合う最後のチャンスということになります。高校生が直面する困難を、まさにピンチをチャンスに変えることができるのが高校教育です。だからこそ、どんなに困難が大きくても、なんとか高校にたどり着いた子どもたちに「もう手遅れ」と言うことがあってはなりません。簡単に諦めるわけにはいきません。

5 今ここからのスタート

思春期の不連続性は、連続的に流れていく学校教育への適応を妨げ、流れについていけなくなれば、学歴の不利になって大人への移行を脅かします。だから、子どもたちは学校教育の流れに逆らって立ち止まるわけにはいきません。子どもの将来を心配する親や教師だけでなく、子どもたち自身も立ち止まることに大きな不安があり、どんなに苦しくても必死で学校に行き続けますが、それでも行けなくなると大きな挫折感とともに将来への不安に苛まれることになります。

どんなに苦しくても、壁にぶつかって悩んでも、立ち止まることはできません。みんなより少しでも遅れれば取り返しがつかなくなると焦りが募ります。流れに取り残されれば追いつくことができなくなるので前に進み続けるしかありません。高校に入学してからがんばり続けたものの、ボロボロになって登校できなくなったころに、そんな高校生が親に連れられて私たちの思春期外来を訪れてきます。思春期外来で出会う高校生たちは多くは語りませんが、そのうつむいて座っている姿からは、みんなが「ふつうに」楽しんでいる高校生活に乗り遅れた焦りと先の見えない苦悩が滲み出ています。ただ単に「高校に行かなければならない」「卒業しなければならない」というだけでなく、留年しないでみんなと同じように18歳で高校を卒業しなければならないプレッシャーがあります。中学校で不登校を経験した生徒は、高校では勉強だけでなく、部活や友だち付き合いなどの高校生活への期待も大きく、さらに自分にプレッシャーをかけてがんばろうとします。

たしかに、高校は出席しなければ単位が取れないので、いつまでもゆっくりと待っていてはくれません。中学校と同じように保健室はあっても、保健室で過ごせば欠課になり、保健室登校をしていても単位は取れません。どんなに厳しい状況に追い込まれても「留年は死んでもイヤ」ともがき苦しみ、さらに自分を追い込みます。高校は義務教育ではないから甘くはないことは十分承知しているので、「ふつう」に高校に行けないことは自分に問題があることになって、自己嫌悪や劣等感が膨らみます。高校に行かない選択肢が事実上ない現在では、高校に行くということは過酷なサバイバルゲームのようにさえ見えます。倒れたら終わり——まるで大人になる前に社会に入る資格を失うようなプレッシャーとの闘いが続きます。

高校生活の挫折は人生のつまずきのように思われるかもしれませんが、思春期の発達的な特性から見れば決してつまずきではなく、逆に自然なこととさえいえます。自分への迷いが深まる思春期に悩むのは当然で、むしろ悩まずにまっすぐに進めるほうが不自然とさえ思われます。悩んでいても立ち止まることなく、「とりあえず」無難に先に進んで行ったとしても、結局は問題の先送りであり、今はつまずかなかったとしても将来のつまずきのリスクが残ることになります。問題の先送りは傷口を広げるだけになりかねません。名門大学を卒業して一流企業に就職してから悩むことになれば、今以上に追い込まれる可能性があります。周囲からちやほやされる自分と自分を見失って戸惑う自分とのギャップは大きく、自分の中の違和感をなかなか解消することができません。「勝ち組」や「成功者」としての苦悩は誰にも理解されず、それを一人で背負い続けるのは苦しいことです。

大きなトラブルもなく思春期も順調に通過したかのように見える子どももいますが、思春期の葛藤や将来への迷いを経験しなかったわけではありません。小さいころからオリンピックに出て金メダルを取りたいという夢を持ち、一生懸命練習に励んで思春期も乗り越えてオリンピック出場を果たすようなサクセスストーリーもありますが、そんなヒーローやヒロインでも思春期を何ごともなく平穏無事に過ごしてきたわけではありません。誰もが子どものころの夢や親の期待のままに大人になることはなく、必ず思春期には自分自身で考えて自分の生き方を決めなければなりません。思春期になって違う道を選ぶこともありますが、小さいころからの夢を叶えた人の場合は、思春期に自分で決めた道がたまたまそれまでの道と同じだっただけで、不連続的な思春期を乗り越える経験をしてきたことには変わりません。

何が何でもみんなについて行かなければならないと追い込まず、自分は自分の大人への道を探していくことが大切です。流れから離れるのは怖いかもしれませんが、そのままではつぶれてしまいそうになったら立ち止まる勇気が必要です。思春期に立ち止まることで未来がなくなるわけではありません。思春期の発達では、立ち止まることは休止や停止ではなく、ましてや失敗や挫折でもなく、正常な発達課題そのものです。前に進めなくなるほど悩むのも思春期の成長であり、大人への移行の経験です。決して無駄ではなく、むしろ長い人生を考えれば有益でかけがえのない経験でさえあります。

目先の進路や学歴にとらわれて、自分がつぶれてしまうわけにはいきません。思春期に立ち止まったとしても、それはつまずきではなく、むしろ未来へのステップです。ぼんやりとでも自分が見えてくれば、そこから新たな道が始まります。その道が大人としての人生につながっていくはずです。困難や苦労もあるでしょうが、悩んだ末に見つけたモチベーションがあれば大丈夫です。高校時代にしっかりと土台を作ることができれば、大人への道を力強く進んで行けるに違いありません。

思春期の目標が大人になることであれば、必然的に未来志向になります。もう後ろを振り返ることはありません。幸いなことに、思春期の不連続性は過去の自分を切り離し、ここからあらためて歩き出すことを可能にしてくれます。未来とはつながっていない過去にとらわれるのではなく、まさに今ここからがスタートです。大人へのスタートに向けた準備こそが高校教育固有の意義であり、すべての子どもの育ちのために欠かせない育ちの機会です。ただ単に大学に進学するための通過点ではなく、大人への移行のための土台を作る場としての高校教育の可能性を再認識し、このかけがえのない3年間を大切にしてもらいたいと思います。

◆あとがき

「どうして高校にいくのだろう」という疑問をめぐる長い旅に最後までお付き合いいいただきありがとうございました。最終的にすっきりとした答えを出せたわけではありませんが、少なくともなぜこんな疑問を持ち、その答えを求めようとしたのかということだけでもお伝えできたとすれば、筆者としては大変嬉しく思います。実際には、この疑問に対しては一人ひとりが違う答えになるのがむしろ自然だと思うので、「たくさんの答えがある」というのが正解なのかもしれません。「どうして高校にいくのか」という疑問に対して多様な答えがあるとすれば、それを踏まえて高校教育がどうあるべきかを考える必要があります。一人ひとりの答えを大切にして、生徒が高校教育制度に合わせるのではなく、高校教育が生徒のニーズに応えていけるように発展していくことが強く期待されます。

本書は、できるだけ多くの方々、とりわけ思春期を迎えた子どもを持つ保護者のみなさんに読んでいただき、高校教育の意味をあらためて考えていただくことを目的に執筆したので、できるかぎりわかりやすくお伝えするために、専門的な理論や学説を引っ張り出すことを避け、専門書や論文の引用も控えて、専門用語や難しい言葉を使わずに、極力自分の言葉で表現してみました。とはいえ、もともと理屈っぽい人間なので、回りくどい言い方もところどころに残り、読みづらいところも多かったことかと思います。この本だけでだいたいご理解いただけるように書いたつもりですが、もう少し詳しく知りたいという場合は、同じような趣旨で思春期の子育てについて書いた拙著『思春期の子どもと親の関係性』（２０１６年、福村出版）を合わせてお読みいただければと思います。

筆者が言うのも変ですが、専門性や立場を越えて高校教育を論じていくうちに、本書はいったい何の本なのかよくわからなくなってしまったのも事実です。もちろん主たるテーマは高校教育なので、教育論であることは確かですが、それに加えて子育て論でもあり、思春期の精神病理や発達心理もからんで、まさに「ごちゃ混ぜ論」のようになってしまいました。今風の言い方をすればハイブリッド論とでもいえるでしょうか。エコ志向の中でハイブリッド車が普及していますが、社会全体で多分野の連携が求められるハイブリッド社会になってきているので、教育論もそうなるのは当然かもしれません。

本書でも触れているように、学校教育と子育ては切っても切れない関係にあるので、別々にではなく一体的に論じるほうが合理的です。また、筆者の専門である児童青年精神医学についても、教育や子育てと無関係に論じても意味がありません。専門分野の縄張り意識を捨てて、子どもたちの実際の生活に沿って論じていくとすれば必然的にハイブリッド論にたどり着きます。高校教育をめぐってごちゃ混ぜの議論をしていくうちに、筆者自身が自分は何者なのかという、まさに思春期の子どものようにアイデンティティが揺らぎ始め、いい歳をして迷いを深めてしまいましたが、その一方で、高校教育の現場も含めて、さまざまな立場や考えの人たちと交流する経験を通して、これからの児童精神科臨床に役立つ貴重な示唆をいただくことができ、少しだけでも成長することができたような気もします。この経験を活かして、子どもの育ちへの精神医学の関与のあり方についてさらに検討していくことができればと思います。

＊＊＊

本書の執筆に際しては、多くの方々に大変お世話になりました。本書の基本的な考え方は、２０１２年の『移行支援としての高校教育』、２０１６年の『続・移行支援としての高校教育』（いずれも福村出版）で論じてきたものがベースになっています。両書の企画と執筆の過程では、共同編者である千葉大学教育学部の保坂亨先生をはじめ、教育学、心理学、そして現職教員からなる「移行支援チーム」を結成して、高校教育のあり方をめぐって繰り返し議論を重ねてきました。その議論なくして本書はありません。ここにあらためて「移行支援チーム」のメンバー全員に感謝したいと思います。

本書で詳しく紹介した北星余市高校については、多くの書籍やテレビ、新聞などからその教育実践を知ることはできますが、なんといっても現場の空気、雰囲気は現地に行かなければ感じることができません。特に、休み時間の職員室や教師と生徒の触れ合いは、映像や記事では表現しきることはできないと思います。2013年に初めて訪れて以来たびたびお邪魔し、本書を執筆した2017年にはほぼ月に1回のペースで余市に行って、生の高校生活を直接見せていただくことができました。快く受け入れていただいた同校の教職員、生徒、PTAをはじめ、すべての関係者の皆様に深く感謝申し上げます。さらに、校長の平野純生先生、教頭の小野澤慶弘先生、広報担当の田中亨先生、そして前校長で現在は1年B組の担任として走り回っている安河内敏先生には、本書の出版へのご理解とご支援をいただいたことに感謝の意を表します。

なお、本書の中での北星余市高校に関する記述については、十分な事実確認を行ってはいますが、その文責はすべて筆者にあることを念のため申し添えます。

最後に、ほとんど耳慣れない「移行支援としての高校教育」というテーマについて、多大なるご理解と寛大な心で「移行支援チーム」の議論の成果を書籍として出版し、さらにこの問題を広く社会で共有することを目指した本書の出版企画にも快く応じて下さった福村出版の宮下基幸社長にも心より感謝申し上げます。これらの出版が起点となって、高校教育がすべての子どもたちの育ちに役立つものに発展していくことを願ってやみません。

2018年1月

小野善郎

【著者紹介】

小野善郎（おの よしろう）

略歴：1959 年 愛知県生まれ。
和歌山県立医科大学卒業。同附属病院研修医、ひだか病院精神科医員、和歌山県立医科大学助手、和歌山県子ども・女性・障害者相談センター総括専門員、宮城県子ども総合センター技術次長、宮城県精神保健福祉センター所長を歴任。

現在：2010 年 4 月より和歌山県精神保健福祉センター所長。精神保健指定医、日本精神神経学会精神科専門医、日本児童青年精神医学会認定医、子どものこころ専門医。

主著：『思春期の子どもと親の関係性』（福村出版、2016 年）、『続・移行支援としての高校教育』（福村出版、2016 年）、『新版 児童青年精神医学』（明石書店、2015 年）、『思春期の親子関係を取り戻す』（福村出版、2014 年）、『移行支援としての高校教育』（福村出版、2012 年）、『子ども家庭相談に役立つ児童青年精神医学の基礎知識』（明石書店、2009 年）、『子どもの攻撃性と破壊的行動障害』（中山書店、2009 年）、『子ども虐待と関連する精神障害』（中山書店、2008 年）など。

思春期の育ちと高校教育
——なぜみんな高校へ行くんだろう？

2018年 2 月 5 日　初版第1刷発行
2020年12月15日　　　第2刷発行

著　者　小野善郎
発行者　宮下基幸
発行所　福村出版株式会社
〒113-0034　東京都文京区湯島2-14-11
電話 03-5812-9702　FAX 03-5812-9705
https://www.fukumura.co.jp

カバーイラスト　はんざわのりこ
装　丁　臼井弘志（公和図書デザイン室）
印　刷／シナノ印刷株式会社　製　本／協栄製本株式会社

Printed in Japan
ISBN 978-4-571-10182-3